1983
Château Latour
Premières Côtes de Bordeaux
A CAMBLANES · GIRONDE
PRODUCE OF FRANCE

Heinz Imhof

Schlemmerreise durch die Französische Küche

FALKEN VERLAG

INHALT

Vorwort

»Leben wie Gott in Frankreich« – ein Sprichwort, das vielfach mit der Eßkultur und den Lebensgewohnheiten der Franzosen in Verbindung gebracht wird.
Die günstigen klimatischen Verhältnisse und die besondere Einstellung der Bevölkerung, ihr Leben zu genießen, ließen die Beschäftigung mit dem Essen in diesem Land fast zu einem Kult heranwachsen.
Die Vielfalt der französischen Küche ergibt sich aus den Spezialitäten der einzelnen Provinzen, die durch die Menschen und die Landschaft ihre Prägung erhielten. Nicht zuletzt sind es die Weinbauern, die mit dazu beigetragen haben, daß man in Frankreich von Kochkunst spricht. Ihren Fässern entströmen Weine, die unumstritten zu den Besten der Welt zählen. Aus dieser Harmonie von Essen und Trinken geht die Lebensfreude so manches Gourmets hervor.
Die einzelnen Mahlzeiten sind für die Franzosen von jeher wichtige soziale Treffpunkte mit ihrer Familie und dem Freundeskreis; gerne bespricht man dabei ausführlich die Tagesereignisse, plaudert, unterhält sich und genießt … denn auch die Liebe geht bekanntlich durch den Magen.
Um dem Geschmacksniveau und der Genießernatur der Franzosen gerecht zu werden, wurden an Frankreichs Lebensmittelbranche schon früh sehr hohe Anforderungen gestellt. Frische Zutaten sind unbedingte Voraussetzung eines guten Gerichtes, und darauf sollten Sie beim Einkauf besonders achten. Vielleicht können Sie sich sogar in der glücklichen Lage schätzen, ein kleines Kräutergärtchen zu besitzen. Ist diese Hürde einmal genommen, so sind schon die ersten Bedingungen für den Erfolg eines Menüs geschaffen.
Ganz wesentlich für den Erfolg Ihrer Bemühungen ist, daß Sie die Menüfolgen und einzelnen Gerichte in jedem Fall mit viel Liebe und Sorgfalt zubereiten. Gemüse sollten nicht zerkocht werden – sie müssen etwas »Biß« behalten; ein Fisch sollte in der Mitte leicht glasig erscheinen, und Fleisch wird »à la minute« gebraten, das heißt keinesfalls durchgebraten. So bleibt es saftig und aromatisch.
Vor dem Essen nimmt der Franzose im allgemeinen einen Aperitif zu sich und serviert dazu einen sogenannten Mundbissen, ein »amuse gueule«, um die Geschmacksnerven zu stimulieren und sich auf die kommenden Genüsse einzustellen.
Selbstverständlich gehört zu den Tafelfreuden eines jeden Franzosen sein Stangenweißbrot, das knusprige Baguette. Und für den großen Durst steht meist eine Karaffe mit Wasser bereit.
Auf den folgenden Seiten möchte ich Ihnen nun die traditionellen Gerichte Frankreichs vorstellen. Sie können sie leicht zu Hause nachkochen und die Lebensphilosophie des Franzosen ein klein wenig kennen- und schätzenlernen.
Ob Sie ein klassisches Menü kochen – mit Vorspeise, Suppe, Fisch, Fleisch, Käse und Dessert – oder ein einzelnes Gericht wie die Bouillabaisse, es wird Ihnen mit Sicherheit sehr viel Freude bereiten, diese Speisen für sich und Ihre Lieben zu kreieren. Zur Abrundung eines Essens bietet sich zum Kaffee einer der vielen Digestifs wie Armagnac, Cognac oder Calvados an, um den gelungenen Tafelfreuden den krönenden Abschluß zu geben.
Gutes Gelingen und viel Spaß wünsche ich Ihnen nun beim Nachkochen meiner Rezepte und »bon appétit«.

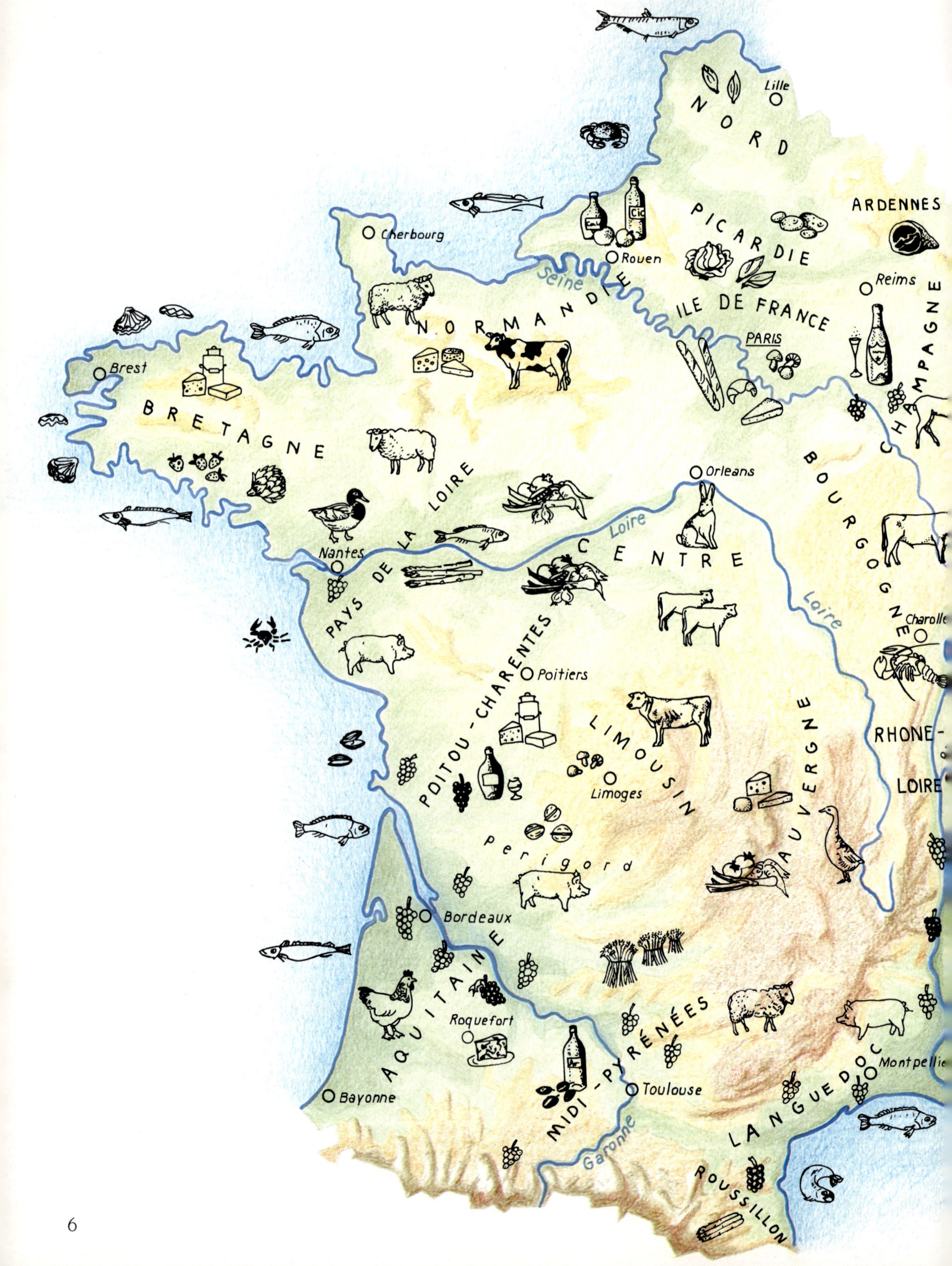
Lille
NORD
ARDENNES
PICARDIE
Cherbourg
Rouen
Seine
Reims
CHAMPAGNE
ILE DE FRANCE
PARIS
NORMANDIE
Brest
BRETAGNE
Orleans
BOURGOGNE
PAYS DE LA LOIRE
Nantes
Loire
CENTRE
Charolles
Poitiers
POITOU-CHARENTES
LIMOUSIN
Limoges
AUVERGNE
RHONE-LOIRE
perigord
Bordeaux
AQUITAINE
Roquefort
MIDI-PYRÉNÉES
Bayonne
Toulouse
Garonne
LANGUEDOC
Montpellier
ROUSSILLON

Frankreich stellt sich kulinarisch vor

Ile de France

Eines der bekanntesten Produkte dieser Provinz, die Paris, Frankreichs Hauptstadt, umschließt, ist der Brie-Käse. An weiteren Spezialitäten finden Sie hier den grobkörnigen Senf »Moutarde à l'Ancienne«, die Champignons de Paris, das Baguette und die Croissants. Die Gastronomie zeichnet sich aus durch Gerichte wie: Salade Opéra (siehe Rezept S. 55), Saint-Honoré-Torte (siehe Rezept S. 150) und Schweinekotelette mit Pommerysenf (siehe Rezept S. 113).

Picardie und Nord-Pas de Calais

Die wichtigsten Agrarprodukte sind der Chicorée, viele Salate und besonders wohlschmeckende Kartoffeln. Der Ärmelkanal versorgt diese Provinz mit zahlreichen Fischsorten.
Die Spezialitäten sind hier: Moderner Salat (siehe Rezept S. 59), kalte Lauch-Kartoffel-Suppe (siehe Rezept S. 68) und Rotzunge »Dugléré« (siehe Rezept S. 79).

Normandie

Durch die intensive Milchwirtschaft in der Normandie gibt es hier hervorragende Käsespezialitäten. Die Rinder- und Schafhaltung sind weitere Hauptbetriebszweige, nicht zu vergessen die Obstkulturen: aus den köstlichen Äpfeln wird der bekannte Cidre gekeltert und Calvados gebrannt. Das an den Ärmelkanal grenzende Gebiet ist reich an Meerestieren und Fischen.
Auf dem Speiseplan dieser Provinz finden Sie: Kopfsalatsuppe (siehe Rezept S. 71), Seezunge aus der Normandie (siehe Rezept S. 78), Muscheln mit Kräutern (siehe Rezept S. 95) und Lammkarree »Teufelsart« (siehe Rezept S. 121).

Bretagne

Der vorgeschobenen Lage in den Atlantik verdankt die Halbinsel ihr würziges Klima. Die Bretagne zählt heute zum wichtigsten Milchproduktlieferanten Frankreichs. Artischocken und Erdbeeren sind ihre Agrarspezialitäten. Auch in der Bretagne wird Cidre hergestellt. Eine sehr große Rolle spielen die Fischerei und Austernzucht an der Küste.
Bekannte Gerichte dieser Region sind: Pochiertes Ei in Gelee mit Crevetten und Kerbel (siehe Rezept S. 36), Lammnavarin »Frühlingsart« (siehe Rezept S. 120) und gefüllter Brandteig mit Mokkacreme (siehe Rezept S. 152).

Pays de la Loire

Die Gemüsesorten des Loiretals haben einen besonders guten Ruf. Durch das milde Klima wird diese Landschaft auch als »Garten Frankreichs« bezeichnet. Das hervorragendste Produkt ist der Spargel. Sehr bekannt sind auch die Enten aus Nantes. Rinder-, Schweine- und Lammzucht werden auch hier sehr gepflegt. In der Loire findet man schmackhafte Süßwasserfische, die den Speiseplan bereichern.
Regionale Spezialitäten sind: Die Lachsterrine (siehe Rezept S. 46), Mittelstück vom Lachs mit Gemüse (siehe Rezept S. 87) und Lammkeule »Bäcker Art« (siehe Rezept S. 123).

Centre

Die Wälder von Sologne sind berühmt für ihren Wildbestand, während in den ländlichen Gegenden vor allem der Obst- und Gemüseanbau sowie die Tierhaltung mit Kälberzucht gepflegt werden.
Die regionale Küche bietet: Feldhase »Weidmannsart« (siehe Rezept S. 126) und gefüllte Rehschulter mit Herbsttrompeten (siehe Rezept S. 124).

Poitou-Charente

In dieser Provinz überwiegt die Milchwirtschaft. Rinderzucht und Schweinemast sind ein weiterer Schwerpunkt. Außerdem gehört diese Region zu den größten Weinanbaugebieten. Weltbekannt ist der Cognac, der nach der Methode der Charentes gebrannt wird. Die lange Küste hält an Fischsorten eine breite Palette bereit. Jacobsmuscheln und Austern sind eine Spezialität dieser Provinz.

Limousin

Die hier gezüchteten Rinder sind weltbekannt für ihre Fleischqualität. Die mit Flüssen und Seen durchzogene Landschaft ist ein Paradies für Angler und in den Wäldern gedeihen viele Pilzarten und Wildtiere.
Bekannte Gerichte sind: Omelett mit Steinpilzen (siehe Rezept S. 37) und Zwischenrippenstück mit Schalotten (siehe Rezept S. 118).

Auvergne

In dem vulkanischen Gebiet widmet man sich vor allem der Käseherstellung, aber auch der Aufzucht von Rindern, Schweinen und Geflügel. Wichtige Agrarprodukte sind verschiedene Gemüsesorten. Aus dieser Gegend kommen Gerichte wie: Ochsenschwanzragout »Bürgerliche Art« (siehe Rezept S. 119) und Maispoularde mit Rosmarin (siehe Rezept S. 100).

Midi-Pyrénées

Diese, zwischen Pyrenäen und Zentralmassiv gelegene Provinz erzeugt vor allem Getreide, Obst und Wein und widmet sich der Schaf- und Rinderzucht. Weltbekannte Produkte dieser Gegend sind der Roquefort-Käse und der aromatische Armagnac.
Die regionale Küche dieses französischen Landstriches bietet zahlreiche Spezialitäten wie: Das Cassoulet (siehe Rezept S. 111), Kalbsnieren mit Roquefort (siehe Rezept S. 114) und Entenbrust mit Backpflaumen (siehe Rezept S. 103).

Aquitaine

Die südwestliche Region entlang der Atlantikküste mit ihrer Hauptstadt Bordeaux ist besonders durch ihren Weinanbau bekannt geworden. Im Gebiet Landes werden besonders gutes Geflügel und gute Schweine gezüchtet. In den Eichenwäldern von Périgord wachsen die weltbekannten Trüffel, aber auch andere Pilze. Das Périgord ist darüber hinaus Frankreichs größter Nußerzeuger. An der Küste gibt es auch hier besonders viele Fische und Meeresfrüchte.
Kulinarische Besonderheiten sind: Kalbsleber »Bordeauxer Art« (siehe Rezept S. 115), Salat mit Gänseschinken und Nüssen (siehe Rezept S. 54), eingemachte Entenkeulen mit Pfifferlingen (siehe Rezept S. 105).

Lorraine-Vosges-Alsace

Diese Provinz ist für ihr Obst bekannt, aus dem die berühmten Obstbrände aus Himbeeren, Kirschen, Zwetschgen und Williamsbirnen gewonnen werden. Auch hier werden besonders gutes Geflügel sowie hochwertige Rinder und Schweine gezüchtet. In den Wäldern dieser Gegend ist der Wildbestand recht groß.
Die gastronomischen Spezialitäten sind: Lothringer Kuchen (siehe Rezept S. 41), Cassolette mit Schnekken (siehe Rezept S. 42), Fasan »Großmutter Art« (siehe Rezept S. 107), Geflügelleberterrine mit grünem Pfeffer (siehe Rezept S. 49) und Hechtklößchen in Kerbelsauce (siehe Rezept S. 91).

Bourgogne

Aus Charolles kommt die älteste französische Rinderrasse, das Charolais-Rind, das durch sein marmoriertes zartes Fleisch unter Feinschmeckern bekannt ist. Eine Spezialität sind Süßwasserkrebse. Gerichte dieser Region: Krebse aus dem Sud (siehe Rezept S. 92), Zander »nach Art der Hausfrau« (siehe Rezept S. 88) und Burgunderschmorbraten (siehe Rezept S. 116).

Champagne-Ardenne

Die Champagne ist das nördlichste Weinanbaugebiet mit der Champagner-Metropolstadt Reims. Des weiteren finden Sie hier Schweinezucht, Wild- und Süßwassertiere. Bekannt ist der hervorragende Ardenner Schinken.
Die ländliche Pastete (siehe Rezept S. 45) und Schweinefilet im Netz mit Basilikum (siehe Rezept S. 112) sind Spezialitäten dieser Region.

Franche-Comté

Der lukullische Reichtum dieser Region liegt in der Käseproduktion sowie in der Geflügel- und Schweinezucht. Durch den Anbau von Obst werden auch hier verschiedene Obstbrände hergestellt.
Spezialitäten sind: Wachteln mit Kirschen (siehe Rezept S. 104) und Perlhuhn mit Äpfeln (siehe Rezept S. 101).

Rhône-Loire

Neben dem Weinanbau wird in dieser Provinz auch der Obstanbau gepflegt. Die Geflügelzucht ist durch die Region Bresse besonders bekannt geworden.
Spezialitäten sind Gerichte wie: Salat nach Winzer Art (siehe Rezept S. 57), Poulardenbrust mit rotem Paprika (siehe Rezept S. 102), Ente mit Orangen (siehe Rezept S. 99) und Birne Helene (siehe Rezept S. 145).

Alpes Savoie-Dauphiné

Die Käseproduktion tritt in dieser Provinz in den Vordergrund. Auch gibt es in der Savoie besonders guten luftgetrockneten Schinken und Würste, und die Walnüsse aus Grenoble sind weltberühmt für ihren Geschmack.
Gerichte dieser Gegend sind: Kartoffeln »Savoyardischer Art« (siehe Rezept S. 130), Felchen »Grenobler Art« (siehe Rezept S. 88) und das Käsesoufflé (siehe Rezept S. 51).

Languedoc-Roussillon

Durch das günstige Klima gibt es in dieser Provinz schon zu früher Jahreszeit zahlreiche Früchte und vor allem Spargel. Auch hier werden erfolgreich Schweine und Lämmer gezüchtet. Eine große Auswahl an Fischgerichten garantiert das angrenzende Mittelmeer.
Hier finden Sie Spezialitäten wie: Weiße Bohnensuppe (siehe Rezept S. 70), Sankt-Peters-Fisch mit Oliven (siehe Rezept S. 85), Rotbarbe mit Schnittlauchsauce (siehe Rezept S. 84), Pfirsich »Kardinal« (siehe Rezept S. 145).

Provence-Alpes-Côtes d'Azur und Rivièra-Côte d'Azur

Diese beiden Provinzen, die sich durch ihre geographische Lage sehr ähneln, bieten eine Vielfalt an Früchten. Die großen Weideflächen, zum Teil in Hanglage, eignen sich bestens für die Haltung von Schafen und Lämmern. Der Reichtum des Mittelmeeres bietet einen besonderen lukullischen Genuß für Fischliebhaber.
Die speziellen Gerichte dieser Provinzen sind: Salat »Nizza Art« (siehe Rezept S. 57), Ratatouille (siehe Rezept S. 133), Gemüsesuppe »Pistou« (siehe Rezept S. 67), Bouillabaisse (siehe Rezept S. 74), Seeteufel »Provenzalische Art« (siehe Rezept S. 83), Wolfsbarsch mit Salbei und Orangen (siehe Rezept S. 80), Scampi »Saint Tropez« (siehe Rezept S. 94), Steinbutt »Marseiller Art« (siehe Rezept S. 82).

Corse

Auf Korsika gedeihen, begünstigt durch das Klima, besonders die Südfrüchte. Die gute Bodenbeschaffenheit läßt einen so hervorragenden Wein gedeihen, daß es hier eine eigene Kontrollinstitution gibt – die Appellation Vin de Corse Contrôlée. Die Käsespezialitäten werden aus Ziegen- und Schafsmilch hergestellt. Die Schweinezucht ist gering, jedoch gibt es auch hier interessante Wurst- und Schinkenspezialitäten. Meerestiere und Fische werden in reicher Auswahl angeboten. Zu den Spezialitäten zählt das Krabbensoufflé (siehe Rezept S. 51).

Die Entwicklung der Kochkunst seit Marie-Antoine Carême bis heute

Der 1784 geborene Marie-Antoine Carême schuf im Laufe seines Lebens das Fundament für die heutige französische Küche. Er war der Architekt unter den Köchen, denn seine Büffets glichen architektonischen Meisterwerken. Seine Rezepte und Arbeitsmethoden sind heute noch feste Bestandteile der französischen Küche.

Die nachfolgenden Generationen konnten aus dem Fundament Carêmes und seinen Aufzeichnungen die klassische Küche aufbauen und seine Kochkunst verbreiten. Carême starb bereits mit 49 Jahren. Zur damaligen Zeit servierte man alle Speisen zur gleichen Zeit und stellte sie auf den Tisch. Erst Urbain Dubois, der 1918 geboren wurde, führte eine damals noch unbekannte Serviermethode aus Rußland ein: die Gerichte wurden nacheinander gereicht.
Doch schon 1846 kam ein neuer Revolutionär zur Welt: August Escoffier. Man nennt ihn heute noch den König der Köche. Der Küchenchef Prosper Montagné rief damals nach einer Reform der Küche und Escoffier schritt zur Tat.

Er vereinfachte die Methoden Carêmes und verzichtete auf ungenießbare Verzierungen der Gerichte. Ebenso wie Carême hinterließ Escoffier eine stattliche Sammlung von Büchern über Kochkunst. Seine Kreationen und Gerichte finden wir heute noch auf zahlreichen Speisekarten.
Als August Escoffier 1935 starb, hatte er ein erfülltes Leben hinter sich und seinen Nachfahren eine reformierte klassische Küche zurückgelassen.

Seit der Mitte des 19. Jahrhunderts hat sich die Kochkunst ständig weiterentwickelt. Köche wie Michel Guérard und Paul Bocuse haben die Küche in naher Vergangenheit wieder erneuert. Die Nouvelle Cuisine wird von vielen namhaften Köchen bis heute praktiziert.

Wichtige Küchengeräte

1. Schlagkessel
2. Schüssel
3. Meßbecher
4. Küchenwaage
5. große und kleine Töpfe
6. Flachkasserolle
7. Bratenpfanne mit Deckel
8. Omelettpfanne
9. Sieb
10. Schaumlöffel
11. Schöpfer
12. Schneebesen
13. Kochlöffel
14. Gabel
15. Rüstmesser
16. Filiermesser
17. Fleischmesser
18. Hackmesser
19. Wellenmesser
20. Palette
21. Austernmesser
22. Juliennereißer
23. Spargelschäler
24. Gummispachtel
25. Schneidebrett
26. Allzweckmixer
27. elektrischer Handmixer
28. Fleischwolf

5.
7.
1.
27.
12.
2.
9.
3.
13.
24.
13.
10.
28.
11.
16.
18.
17.
20.

Fleisch, Innereien, Wild und Geflügel

Rinderrassen, wie Limousin und Charolais, sind wohl die bekanntesten und besten Fleischlieferanten Frankreichs. Das zarte und wohlschmeckende Fleisch ist das Resultat einer guten Aufzucht bei optimalem Klima. Ebenso wie die Lämmer, die in der Normandie aufgrund der Bodenbeschaffenheit ein aromatisches Fleisch liefern, haben die bekannten Sisteron-Lämmer ein zartes, nicht zu fettes Fleisch. Das heute in ganz Frankreich produzierte Fleisch von guter Qualität ist das Ergebnis einer konsequenten Tierzucht und guten Tierhaltung.
Dies trifft auch bei Geflügel zu. Die wohl bekanntesten Züchtungen kommen aus der Bresse, einer Gegend nordöstlich von Lyon. Aber auch in Burgund, Landes, in der Normandie und den Ebenen der Saône sowie in den Tälern der Loire wird heute hervorragendes Geflügel gezüchtet. Durch die besonderen klimatischen Verhältnisse, durch Aufzucht und Mästung der Tiere, erreicht man in diesen Gegenden hohe Qualitäten. Das vollfleischige Geflügel aus Frankreich ist meist etwas teurer, jedoch in Geschmack und Zartheit anderem Geflügel überlegen

Schwein

Das Schweinefleisch muß rosa sein und darf eine feste und weiße Fettschicht haben. Das Fleisch sollte mit etwas Fett durchzogen, marmoriert sein, damit es beim Braten oder Schmoren saftig bleibt.

Rind

Auch die Fleischstücke vom Rind müssen eine hellrote Farbe aufweisen und mit Fett marmoriert sein. Das Fett muß auch hier weiß aussehen und darf nicht gelblich schimmern.

Kalb

Das Kalbfleisch muß zartrosa sein, darf aber nicht zuviel Fett aufweisen. Die zerlegten Fleischstücke müssen glänzen, sollten aber trocken sein.
Die Leber muß hell-rotbraun, straff und ohne Falten sein und einen leichten Glanz besitzen.
Die Niere darf mit viel Fett umgeben sein. Fett ist ein wesentlicher Geschmacksträger und macht die Stücke zart. Beim Anschnitt muß die Farbe der Niere rotbraun sein.
Das Kalbsbries muß hellrosa gefärbt sein. Es sollte eine feste Konsistenz aufweisen, es dürfen jedoch keine Blutgerinsel, kein Fett oder Sehnen enthalten sein.

Lamm

Das Fleisch der Lämmer darf mit einer dünnen Fettschicht bedeckt sein. Das Fleisch muß eine helle rosarote Färbung zeigen und darf mit etwas Fett marmoriert sein.

Kaninchen

Das hellrosa Fleisch der Kaninchen muß sich satt anfühlen und darf keine Fettschicht haben. Kaninchenfleisch dürfen Sie nie zu lange braten, es wird sonst zu trocken.

Reh

Das Fleisch dieser Tiere ist dunkelrot und bis zu einem Alter von 3 Jahren zart. Später wird es faserig und nimmt einen derben Geschmack an. Damit das Fleisch beim Braten nicht zu trocken wird, spickt man die Fleischteile mit Speckstreifen.

Wildhase

Der Wildhase liefert das beste Fleisch im Alter von 4 bis 8 Monaten. Dann ist er im Geschmack am aromatischsten. Später ist das Fleisch meist trocken und fest. Durch spicken mit Speckstreifen bleibt es beim Braten saftig.

Ente

Die Ente ist im Alter von 8 bis 10 Monaten mit einem Gewicht zwischen 1,2 und 1,6 kg am besten. Man erkennt die jungen Tiere an der weichen Gurgel und am noch weichen Brustknochen.

Perlhuhn

Dieses Mastgeflügel ist ein guter Ersatz für Wildgeflügel, da es dunkles Fleisch hat und das ganze Jahr über erhältlich ist. Auch hier ist der

Maispoularde

Die mit viel Mais aufgezogene Henne hat eine gelbe Haut und einen besonders guten Eigengeschmack. Den Gewichtsgrößen 1,5 bis 2 kg ist auch hier der Vorzug zu geben.

Fasan

Ein Wildgeflügel mit einem solch exzellenten Eigengeschmack, daß es im Elsaß sogar mit Sauerkraut als Beilage auf Menüplänen zu fin-

weiche Brustknorpel eine Garantie für junge Tiere mit Gewichten zwischen 800 und 900 g.

den ist. Beim Einkauf sollten Sie auf ein weiches Brustbein, auf graue Beine und stumpfe Sporen achten.

Poularde

Die besonders gemästete Henne hat helles Fleisch, das sehr saftig und durch seine Zartheit bekannt ist. Der Brustkorb sollte biegsam und weich sein. Das beste Gewicht ist 1,5 bis 2 kg.

Wachtel

Der Zugvogel, der heute nur noch in Mastbetrieben gehalten wird, hat seinen Wildgeschmack verloren, ist aber trotzdem noch ein wohlschmeckender kleiner Hühnervogel. Die Wachtel kommt meist mit einem Gewicht um 150 g auf den Markt.

Fische und andere Meeresfrüchte

Die vielen verschiedenen Fischarten, die an den Küsten Frankreichs und in den Flüssen und Seen im Landesinneren leben, sind für die Franzosen ein Hauptnahrungsmittel. Die Süß- und Salzwassertiere stellen einen wesentlichen Bestandteil in der französischen Küche dar. Schon die Gallier schätzten diese Spezialitäten aus dem Wasser. Der hohe Gehalt an Mineralstoffen, wie zum Beispiel Jod, und an Eiweiß macht den Fisch zu einem wichtigen und wertvollen Nahrungsmittel.
Beim Einkauf sollten Sie besonders darauf achten, daß die Augen klar und die Kiemen rot sind. Die Haut sollte glänzen beziehungsweise noch mit Schleim überzogen sein. Bei Schuppenfischen dürfen sich die Schuppen nur schwer entfernen lassen. Der Fisch muß sich satt und fest anfühlen.
Auch bei den Krusten- und Schalentieren muß Frische ganz groß geschrieben werden.
Während bei den Krustentieren der Süßwasserkrebs eine Ausnahme bildet, leben alle Muscheln im Salzwasser. Bei ihnen gelten ganz besondere Frischegebote. Beim Kauf muß ihre Schale fest geschlossen sein: sie dürfen auf keinen Fall verwendet werden, wenn die Schalen geöffnet sind; das kann zu Vergiftungen führen. Die beste Jahreszeit für den Verzehr dieser Tiere sind die Monate mit dem Buchstaben »r«, also Januar, Februar usw. An den Küsten können Sie jedoch das ganze Jahr über Muscheln in Ihren Speiseplan aufnehmen.

Der Wanderfisch

Lachs

Dieser Fisch, der in den Quellwassern laicht und im Meer lebt, zählt durch seinen hohen Fettgehalt von etwa 15% zu den nahrhaftesten. Der Lachs eignet sich besonders gut zum Räuchern und Beizen. Die beste Gewichtsgröße ist zwischen 3 und 5 kg, der Lachs kann aber auch bis zu 15 kg schwer werden. Das rosarote Fleisch ist besonders zart.

Süßwasserfische

Hecht

Wegen seiner vielen Gräten werden die Filets gerne zu Klößchen und Terrinen verarbeitet. Der besonders intensive Geschmack des weißen bis hellrosa gefärbten Fleisches wird durch die Zugabe von Sahne verfeinert. Dieser Raubfisch kann bis zu 1,5 m lang werden. Er ist am besten in den Gewichtsgrößen von 1,5 bis 2 kg.

Zander

Die aus den Flüssen Frankreichs gefangenen Zander sind wohlschmeckender als die aus stehenden Gewässern. Das Fleisch ist weiß, zart und hat einen ausdrucksvollen Geschmack. Die besten Zander wiegen etwa 1 kg.

Felchen

Der vor allem in den höher gelegenen Seen lebende Fisch hat ein schmackhaftes Fleisch. Sein Aroma kommt gebraten oder in einer feinen Sauce am besten zur Geltung. Dieser Fisch eignet sich durch seine Größe gut als Portionsfisch.

Salzwasserfische

Seeteufel

Der Fisch mit dem Aussehen eines Teufels hat ein delikates, festes, weißes Fleisch. Der schuppenlose Fisch besitzt nur ein Rückrat und keine Gräten. Die Haut ist oben schwarz-braun und unten weiß gefärbt. Die besten Gewichtsgrößen sind zwischen 1 und 3 kg. Der Seeteufel kommt heute meist ohne Kopf auf den Markt, da dieser schon ein Drittel des gesamten Körpers ausmacht.

Steinbutt

Dieser runde Plattfisch hat keine Schuppen, aber er trägt kleine Steine auf dem braun-grauen Rükken, die ihm seinen Namen prägen. Die weiße Haut ist glatt und fein. Er gehört zu den teuersten Fischen, und sein weißes, festes Fleisch ist ein Genuß für jeden Gourmet. Die jungen Tiere nennt man Turbotin – sie kommen in den Gewichtsgrößen 500 g bis 1 kg auf den Markt. Die großen Fische sind am besten bei einem Gewicht von 3 bis 5 kg; sie können bis zu 20 kg schwer werden.

Rotzunge

Die Rotzunge ähnelt der Seezunge, hat aber eine glatte Haut und ist nicht ganz so schlank. Das Fleisch ist zart und weiß, aber auch etwas brüchig. Die rotbraune Haut ist hell-dunkel marmoriert. Die Rotzunge ist im Handel preisgünstiger als die Seezunge.

Rotbarbe

Dieser schöne rosarotfarbene Fisch ist eine besondere Delikatesse. Fangfrisch bereitet man ihn mit den Innereien zu. Die Haut entfernt man nie, doch müssen die großen Schuppen abgeputzt werden. Am besten sind diese Fische bei Gewichten von 200 bis 500 g.

Seezunge

Dieser Plattfisch hat kleine Schuppen und ist auf einer Seite braungrau bis rötlich und auf der anderen Seite weiß. Er hat ein sehr aromatisches, weißes Fleisch und ist in den Gewichtsgrößen von 600 g bis 1 kg am besten.

Sankt-Peters-Fisch

Man erkennt ihn besonders gut an dem schwarzen Punkt hinter dem Kopf. Er heißt auch »Sankt-Peters-Daumen«. Der grau-grüne Fisch hat keine Schuppen und ein festes, weißes Fleisch. Die besten, marktüblichen Fische sind 600 g bis 1,5 kg schwer.

Wolfsbarsch

Dieser wohl beste und teuerste Fisch hat einen traumhaften Geschmack, sein Fleisch ist weiß und zart. Schon der Name besagt, daß er ein Jagdfisch ist. Es kommt häufig vor, daß man in ihm ganze Fische findet. Seine dunkelblaue bis silbergraue Haut ist mit Schuppen übersät. Seine starken Gräten fordern zur Achtsamkeit beim Essen auf. Sein bestes Gewicht liegt zwischen 1 und 2 kg.

Flußkrebs

Diese kleinen Krebse können bis zu 20 cm lang werden, kommen aber in der Größe von etwa 10 cm auf den Markt und wiegen 50 bis 60 g. Sie werden lebend gehandelt und haben eine dunkelgrüne Farbe. Der quirlige Wasserbewohner hält sich in ruhigen Flußbereichen auf und verkriecht sich in Höhlen.

Hummer

Das königliche Tier ist durch seine zwei kräftigen Zangen nicht ganz ungefährlich. Der Hummer lebt in den Küstengewässern und ist im felsigen Untergrund zu Hause. Die Tiere können bis zu 60 cm, aber auch größer werden. Gehandelt werden sie im allgemeinen in den Gewichtsgrößen 500 g bis 1,5 kg. Ihr Körper schimmert dunkelblau, und das Fleisch ist glasig weiß.

Scampi

Der schlanke Kämpfer mit seinen langen Scheren ist kleiner als der Hummer und von rosa Farbe. Er hält sich ebenfalls in Küstennähe auf und verkriecht sich in selbstgegrabene Höhlen. Man verwendet von ihm, im Gegensatz zum Hummer, nur den Schwanz, da die Scheren zu klein und zu dünn sind. Die Scampi werden bis zu 25 cm lang, kommen aber mit etwa 15 cm Länge auf den Markt. Das Fleisch ist butterzart und hat einen feinen Geschmack.

Languste

Dieses Krustentier hat eine dunkelrote Farbe mit weißen Flecken und keine Kampfscheren. Mit ihren langen Antennen kann die Languste knarrende Geräusche von sich geben und somit ihre Feinde in die Flucht schlagen. Die Languste wird bis 70 cm lang und 6 kg schwer. Man handelt sie in den Gewichtsgrößen zwischen 500 g bis 1,5 kg. Das Fleisch des Tieres ist eine Delikatesse und aus diesem Grund sehr teuer.

Crevette

Die kleinen rosafarbenen Tiere sind vor allem an der Atlantikküste zu finden. Sie werden bis zu 6 cm lang und kommen meist gekocht und ausgebrochen auf den Markt. In Küstengegenden kann man sie auch frisch kaufen. Feinschmeckern bereitet es viel Spaß, die Crevetten vor dem Verzehr frisch im Sud zu kochen und anschließend zu puhlen.

Riesencrevette

Diese aus den tieferen Gewässern des Mittelmeeres und des Atlantiks kommenden Tiere sind 10 bis 15 cm lang. Sie werden oft mit dem falschen Namen Hummerkrabbe bezeichnet. Ihre Farbe ist braunorange und ihr Fleisch etwas fester im Biß.

Jacobsmuscheln

Diese Muschel mit der schönen großen Schale wird wie eine Auster geöffnet. Nehmen Sie das weiße Fleisch und das rote Corail (Rogensack) heraus und befreien Sie es von allen anderen Teilen. Dieses Fleisch wird nicht gegart, sondern erhitzt oder ganz kurz gebraten. Zur wahren Delikatesse wird diese Muschel mit einer Buttersauce.

Miesmuscheln

Sie ist die meist verzehrteste Muschel und auch die preiswerteste. In den Größen zwischen 5 bis 7 cm kommen die Miesmuscheln dunkelblau bis schwarz auf den Markt. Da sie meist mit der Schale gekocht werden, müssen die Muscheln vor dem Kochen gebürstet werden und müssen unbedingt ganz geschlossen und nach dem Kochen geöffnet sein – alle anderen Muscheln, die nicht diese Merkmale aufweisen, dürfen nicht verzehrt werden. Es besteht Vergiftungsgefahr.

Austern

Man unterscheidet in Frankreich zwei Sorten:
Belons heißen die runden, flachen Austern, die zu den besten und teuersten zählen. Sie werden heute in den Küstenbuchten gezüchtet.
Portugaise ist eine längliche Felsenauster mit einer rauhen Schale. Diese Austern werden auch in den Claires von Marennes gezüchtet und kommen unter dem Namen »Fines de Claires« oder »Spéciales« auf den Markt. Diese Auster ist heute die weitverbreitetste in Frankreich.

Wie öffnet man eine Auster?

1. Die Auster in ein Tuch legen und mit einer Hand halten.

2. Das Austernmesser ansetzen und mit der Klinge zwischen der oberen und unteren Schale in die Auster fahren.

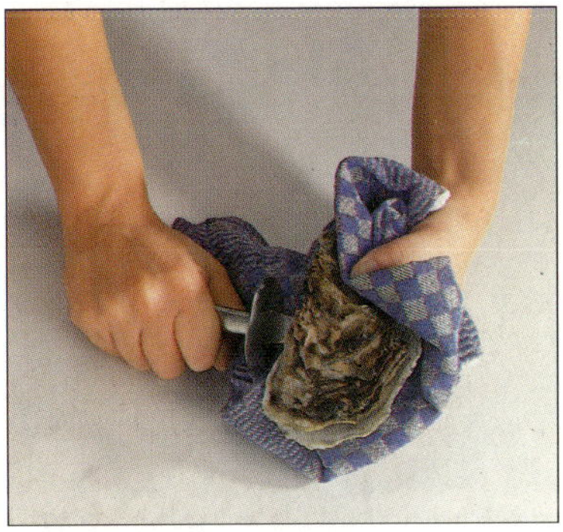

3. Den Muskel mit dem Messer lösen und die Schale nach oben abziehen.

4. Den Muskel nun auch unten lösen und von störenden Splittern reinigen.
5. Die Auster ausschlürfen oder mit einer Gabel essen.

Pilze und Kräuter

Die vielen verschiedenen Pilzarten, die in Frankreich wachsen, werden von der Bevölkerung sehr geschätzt. Auf den Märkten finden sie raschen Absatz, da Pilze eine willkommene Abwechslung in den Speiseplan bringen. Der aromatische Geschmack der einzelnen Pilze verleiht zahlreichen Gerichten ihr typisches Aroma, reizt aber auch zu ständig neuen Kreationen. In der französischen Küche sind darüber hinaus Kräuter sehr beliebt. Ihr Aroma und ihre Geruchsstoffe prägen das Flair einer jeden Provinz dieses Landes. Viele Kräuter sind uns aus altüberlieferten Rezepten bekannt. Sie dienten und dienen vor allem auch dem Einsparen von Speisesalz. Die ätherischen Öle, die beim Hacken oder Schneiden austreten, verbreiten einen angenehmen Geruch. Sollten Sie einmal eine größere Menge eingekauft haben, können Sie die Kräuter mit etwas Salz hacken und mit Olivenöl in einem luftdicht verschlossenen Gefäß wochenlang aufbewahren. Am besten ist es jedoch, die Kräuter frisch zu verwenden, so wie es die Franzosen handhaben.

Pfifferling

Der in Laub- und Nadelwäldern wachsende Pilz ist durch seinen aromatisch-pfefferigen Geschmack bekannt geworden. Die trockene Konsistenz des Pfifferlings macht ihn zu einem lagerfähigen Pilz. Doch sollte er nicht zu lange aufbewahrt werden, da sie sonst an Geschmack verlieren.

Herbsttrompeten

Dieser grau-schwarze, trompetenartig geformte Pilz mit seinem feinen moosartigen Geschmack wird oft als Trüffelersatz verwendet. Doch kann man ihn auch für Suppen, Füllungen und Saucen verarbeiten.

Morchel

Ein sehr beliebter, aber teuer gewordener Pilz mit einem kräftigen Geschmack. Die Morchel kommt im Frühjahr frisch auf den Markt. Sie können das ganze Jahr über auch getrocknete Pilze von sehr guter Qualität kaufen. Man unterscheidet zwischen der schlanken Spitzmorchel und der runden Speisemorchel.

Wintertrüffel

Der bekannteste unter ihnen ist der Périgord-Trüffel, auch »Schwarzer Diamant« genannt. Er ist von sehr intensivem Geschmack und Geruch. Der knollenförmige Pilz ist innen schwarz-grau marmoriert und hat außen eine schwarze, feinwarzige Rinde. Der Trüffel wird mit abgerichteten Hunden oder Schweinen gesucht, die die unter der Erde wachsenden Trüffel »erschnüffeln«.

Steinpilze

Einer der beliebtesten Pilze in Frankreich überhaupt ist der Steinpilz. Er wächst in hügeligen Wäldern und kommt im Spätsommer und Herbst auf den Markt. Sein starker Geruch und sein angenehmes Aroma machen ihn zu einem begehrten Speisepilz.

Champignon

Dieser am weitesten verbreitete Pilz wird in dunklen Räumen gezüchtet und ist deshalb ganz weiß. Die Köpfe müssen rund und geschlossen sein. Die Wiesenchampignons sind rosa-bläulich und haben einen intensiveren Geschmack als die gezüchteten Pilze.

Austernseitling

Der an Baumstämmen wachsende Pilz hat den Namen nach seinem muschelförmigen Aussehen erhalten. Er ist hell- bis dunkelbraun und im Geschmack nicht besonders stark, deshalb muß er gut gewürzt werden.

Thymian

Eine strauchige Pflanze mit kleinen dunkelgrünen Blättern und intensivem Aroma. Der Verwendung dieses Gewürzes sind kaum Grenzen gesetzt. Sie können damit vor allem Braten, Geflügel, Suppen und Eintöpfe, Gemüse oder fein dosiert auch Saucen würzen.

Salbei

Dieser schnell wachsende Strauch mit blaß-grünen Blättern ist sehr geschmacksintensiv und sollte sparsam verwendet werden. Die Blätter eignen sich sehr gut zum Trocknen. Man würzt damit Saucen, Fisch, Geflügel, Kaninchen oder Gemüse.

Petersilie

Im Gegensatz zur krausen verwendet man in Frankreich die glatte Petersilie, da sie geschmacklich intensiver ist. Die dicke Wurzel findet ihre Verwendung als Gemüse und Püree. Die Blätter der Petersilie würzen Fleischgerichte, Salate, Suppen oder Gemüse.

Rosmarin

Das Kraut, dem so viele Heilkräfte nachgesagt werden, wächst buschartig und wird mannshoch. Die nadelartigen Blätter riechen etwas harzig und besitzen viele ätherische Öle. Man würzt damit Braten, Geflügel, Eintöpfe und Saucen.

Dill

Dieses feine Kraut, welches nur in geringer Menge verwendet werden sollte, kann man von seinem Geruch her am ehesten mit Anis vergleichen. Am besten verwendet man es für Fisch, Krustentiere, gekochtes Lamm oder Salate.

Schnittlauch

Diese kleine Lauchpflanze mit dem feinen Geschmack, der an Schalotten erinnert, wird fein in Röllchen geschnitten und nicht gehackt. Man gibt Schnittlauch in Salate, Saucen und Suppen.

Basilikum

Die feinen Blätter dieser Pflanze sind oval und grün. Der Geruch erinnert an den Süden Frankreichs, an das Mittelmeer, an Gerichte aus Fisch, Ratatouille oder die Gemüsesuppe Pistou.

Kerbel

Der in der französischen Küche oft verwendete Kerbel hat hellgrüne Blätter und ist sehr aromatisch. Man würzt damit Fisch, Krustentiere, helle Fleisch- und Geflügelsorten oder kocht die bekannte Kerbelsuppe.

Estragon

Die schmalen, langen Blätter, die an Stauden wachsen, haben einen feinen säuerlichen Geschmack. Man verwendet sie vor allem für Salate, Saucen, Geflügel- oder Fischgerichte.

Gemüse und Früchte

Als wichtige Beilage bevorzugt der Franzose Gemüse. Kartoffeln oder andere sättigende Beilagen sind weniger beliebt. Der Garten Frankreichs bietet seiner Bevölkerung eine sehr große Auswahl an bunten Gemüsesorten, die man von Tag zu Tag variieren kann. Gerichte wie Ratatouille eignen sich gut für einen fleischlosen Tag. Ähnlich ist das Obstangebot in Frankreich, bedingt durch das Klima, sehr groß. Deshalb fehlen in keinem Haushalt die Früchte der Saison. Schon in den vergangenen Jahrhunderten kultivierten und pflegten die Franzosen ihre Obstanbaugebiete. Der Süden des Landes bietet heute die größte Auswahl an Obst. Hier möchte ich nun wenige der köstlichen und gesunden Gemüse und Früchte vorstellen.

Staudensellerie

Dieses Gemüse erfreut sich in Frankreich großer Beliebtheit. Die Blätter werden als Gewürz verwendet, und aus den Stauden lassen sich Salate zubereiten. Die hellgelb bis hellgrün angebotenen Sorten sollten leicht brechbar und das Laub frisch sein.

Navetten

Die Navetten (oder Navets) sind kleine weiße Rübchen. Sie werden vor allem als Beilage zu Fleisch- und Geflügelgerichten gereicht. Zu bevorzugen sind junge Navetten, so groß wie ein 2-Mark-Stück.

Schalotten

Die kleinen Zwiebeln mit der rötlichen Haut haben einen unverkennbaren, intensiven Geschmack und werden in der Küche vielfältig verwendet. Sie sind ein wichtiger Bestandteil vieler klassischer Gerichte und Saucen.

Spargel

Der grüne Spargel ist in Frankreich sehr beliebt. Er wird auch als wilder Spargel bezeichnet, da man ihn aus dem Boden herauswachsen läßt. Sein bleicher Artgenosse wird mit einem Erddamm bedeckt, so daß er sich nicht durchs Tageslicht verfärbt. Spargel besitzt viele Mineralstoffe sowie Vitamin A und die der B-Gruppe.

Paprika

Der Gemüsepaprika kommt in drei Farben auf den Markt: gelb, rot und grün, wobei der grüne noch nicht voll ausgereift ist. Der gelbe Paprika ist am mildesten und der rote am geschmackvollsten. Er ist ein sehr guter Vitamin-C-Lieferant und eignet sich besonders gut als Salat, aber auch als Gemüse schmeckt er ausgezeichnet.

Zucchini

Sie sind besonders gut als junge Früchte und mit der Blüte geradezu eine Delikatesse. Die herkömmliche Frucht ist außen grün und innen hellgelb-grün. Sie gehört zu den Kürbisarten und braucht nicht geschält zu werden, da die Haut sehr dünn ist. Auch gelbe Züchtungen sind heute auf dem Markt.

Aubergine

Wie die Zucchini ist die Aubergine ein wichtiger Bestandteil des südfranzösischen Gerichtes Ratatouille und findet auch sonst sehr viel Verwendung. Junge Früchte dieser dunkelvioletten Eierfrucht müssen nicht geschält werden.

Chicorée

Dieses spitzförmige Gemüse ist weiß und nach oben hin gelblich gefärbt. Die Blätter müssen knackig und fest sein. Man kann Chicorée als Gemüse oder als Salat verwenden. Wichtig ist, den bitteren Stielansatz herauszuschneiden, um das zartbittere Aroma des Chicorée genießen zu können.

Artischocke

Als blattreiche Knospe ist die Artischocke verwandt mit der Distel. Sie ist kompakt und hat fest anliegende Blätter. Die kalorienarme Frucht besitzt viele Mineralstoffe und ist sehr bekömmlich.

Fenchel

Die weiß bis hellgrün nach oben auslaufende Frucht ist ein sehr beliebtes Gemüse und auch als Salat gut geeignet. Fenchel besitzt einen sehr intensiven Geschmack und ist besonders reich an Vitamin A, C und verschiedenen Mineralstoffen.

Die kleine Käsekunde

In Frankreich werden ungefähr 370 verschiedene Käsesorten angeboten. Es erübrigt sich wohl, darauf hinzuweisen, daß die Franzosen diesen eiweißhaltigen Produkten eine behutsame Pflege angedeihen lassen. Sie verstehen es, in zahlreichen Regionen mit Hilfe der jeweiligen Vegetation, die unterschiedlichsten Käsesorten herzustellen. Käse enthält wichtige Mineralstoffe, Vitamine und wertvolles Eiweiß und ist ein sehr wertvolles Lebensmittel. Der Fettgehalt wird in Prozenten angegeben und bezieht sich auf die Trockenmasse. Durch den großen Anteil an Feuchtigkeit ist der tatsächliche Fettgehalt jedoch nur ungefähr halb so hoch. Käse sollte bei 8–12 °C gelagert werden. Hier möchte ich Ihnen kurz einige der bekanntesten französischen Käsesorten vorstellen:

Camembert

Einer der beliebtesten Weichkäse kommt aus der Normandie. Er ist rund, weich, flach und hat eine fast geschlossene weiße Schimmelrinde. Der Geschmack erinnert an frische Pilze.

Coulommiers

Er ist ebenfalls ein Weißschimmelkäse und kommt aus der Stadt Coulommiers aus der Gegend Ile de France bei Paris. Die Masse ist cremig weiß und der Geschmack ähnelt dem von Mandeln.

Brie

Der Brie ist ein flacher Tortenkäse mit weißem Schimmelbelag. Der bekannteste ist der Brie de Meaux mit einem Durchmesser von etwa 35 cm. Der aromatische und doch milde Geschmack ist charakteristisch für diesen Käse.

Carré de l'Est

Schon der Name erklärt die Herkunft »Carré aus dem Osten«. Es ist ebenfalls ein Weißschimmelkäse, mild im Geschmack mit einem festen Kern. Dadurch ist er in der warmen Jahreszeit länger haltbar.

Livarot

Der Weichkäse mit der roten Rinde ist im Geschmack kräftig und aromatisch. Man erkennt ihn auch an den seitlich angebrachten Papierstreifen. Er kommt aus der Normandie und trägt den Namen des Ortes, in dem er hergestellt wird.

Munster Géromé

Dieser Käse hat seinen Namen aus dem Münstertal im Elsaß. Das besondere Merkmal ist sein pikant kräftiger Geschmack. Im vollreifen Zustand beginnt er zu »laufen« und entfaltet erst dann seinen köstlichen Geschmack. Die Außenhaut ist von gelb bis gelbroter Farbe und die Käsemasse goldgelb.

Maroilles

Der gelbrötliche Schmierkäse hat eine quadratische Form und ist kräftig im Geschmack. Er kommt aus dem Nordosten Frankreichs, nahe der belgischen Grenze und wurde nach einem Kloster benannt.

Pont l'Evêque

Der Käse mit dem würzigen Aroma kommt aus der Normandie und heißt zu deutsch »Bischofsbrücke«. Die gelbgraue Rinde ist mit dem Muster der Matten, auf denen er getrocknet wird, geprägt.

Reblochon

Der aus Savoyen kommende Käse hat eine blaß-rosa Rinde und ist in vollreifem Zustand sehr weich, so daß er bei Zimmertemperatur anfängt zu zerfließen. Sein Geschmack ist würzig und läßt sich am ehesten mit dem der Haselnüsse vergleichen.

Tomme de Savoie

Schon der Name verrät seine Herkunft. Er ist halbschnittfest und hat eine gelbliche feste Rinde. Der Geschmack ist mild und angenehm.

Saint Nectaire

Dieser halbfeste Schnittkäse aus dem französischen Zentralmassiv hat eine braunorangefarbene Rinde und ist mild im Geschmack. Im reifen Zustand wird er weich, und die Rinde löst sich vom Teig.

Roquefort

Der aus reiner Schafsmilch hergestellte Käse kommt ungereift aus dem Süden Frankreichs. Gereift wird er erst in den Höhlen bei Roquefort. Hier entwickeln sich die grüngrauen Schimmelpilze im Käse. Er hat keine Rinde und ist im Geschmack sehr würzig und scharf.

Bleu d'Auvergne

Der aus Kuhmilch gewonnene Käse hat Ähnlichkeit mit dem Roquefort. Er kommt aus der Auvergne im Zentralmassiv Frankreichs. Die Schimmelpilze sind grüngrau und der Geschmack ist kräftig und aromatisch.

Bleu de Bresse

Der aus der Bresse (nordöstlich von Lyon) stammende Käse hat, wie der Name sagt, einen blauen Innenschimmel. Der Geschmack ist aromatisch mild. Im reifen Zustand ist der Käse weich.

Morbier

Charakteristisch für diesen Käse ist die horizontale Pflanzenkohleschicht. Er wird nach halber Reifezeit durchgeschnitten, mit feiner Pflanzenkohle bestreut und wieder zusammengelegt. Dann erst reift der Käse voll aus. Der aus der gleichnamigen Stadt stammende Käse wird im Jura schon seit über hundert Jahren hergestellt. Seine Rinde ist rotbraun und der Geschmack mild und aromatisch.

Pyrenäenkäse

In den Bergen zur spanischen Grenze verwendete man früher für diesen Käse Schafsmilch. Heute wird er aus Kuhmilch oder aus einer Mischung aus Kuh- und Schafsmilch hergestellt. Der Geschmack ist mild-aromatisch bis würzig.

Chaource

Der Käse aus der gleichnamigen Stadt nordwestlich von Dijon gehört zu den Frischkäsen. Er ist sehr mild und hat eine weiß-gelbliche Oberfläche.

Brillant Savarin

Dies ist ebenfalls ein Frischkäse mit weißer Oberfläche. Er ist sehr cremig, angenehm mild und weich im Geschmack. Dieser Käse kommt aus der Region Aveyron.

Sainte Maure

Der in Rollen hergestellte Ziegenkäse ist weich und im Inneren bröckelig. Er hat eine weiße Schimmelrinde und wirkt kräftig im Geschmack. Sainte Maure ist ein kleiner Ort südlich von Tours an der Loire.

Chabichou

Dieser Ziegenkäse kommt aus der Gegend Vienne und wird in kleinen Zylindern hergestellt. Er ist außen fest, innen weich und im reifen Zustand bröckelig.

Pyramide

Die Pyramiden gibt es in Weiß und Schwarz. Die schwarzen Käse werden mit feiner Pflanzenkohle bestreut und danach gereift. Dieser Ziegenkäse mit der charakteristischen Form kommt aus der Gegend Indre zwischen Bourges und Poitiers.

Die kleine Weinkunde

In Frankreich wurden die ersten Weinberge bereits im 7. Jahrhundert v. Chr. angelegt. Durch ständige Verbesserung der Techniken und Sortierungen in den einzelnen Anbaugebieten erreichten die Weinbauern einen Qualitätsstandard, der heute weltberühmt ist. Die Bodenbeschaffenheit und das Klima haben einen hohen Anteil am Erfolg französischer Weine. In zweieinhalbtausend Jahren erprobten die Winzer viele Rebsorten, um den Wein ständig zu verbessern. Im Jahr 1932 wurde in Paris das Institut National des Appellations d'Origine gegründet, das landesweit einzuhaltende Richtlinien für Weinanbau und Weinherstellung festlegte. So bestimmte das Institut, welcher Wein wie zu schmekken hat und welche Traubensorte dafür verwendet werden darf. Diese Klassifizierung mit Änderungen und Erweiterungen hat bis heute Gültigkeit.

Vin de consommation courante

Vin ordinaire

Das ist ein Wein für den Alltag, der in jedem französischen Haushalt zu finden ist. Der Ursprung dieses Weins ist nicht festgelegt und der Preis erschwinglich.

Vin de pays

Ein Landwein, der aus bestimmten Herkunftsgebieten kommt und aus vielen Rebsorten gewonnen wird. Die Ernteerträge sind sehr hoch und die Qualitäten unterschiedlich.

Vin Délimite de Qualité Supérieure (= V.D.Q.S.)

Diese Rangstufe für Weine wurde eingeführt für Regionen, die Tradition haben, Qualitätsweine produzieren, aber noch nicht die erste Güteklasse erreicht haben.

Appellation Contrôlée (= A.C.)

Appellation d'Origine Contrôlée (= A.O.C.)

Mit diesem System wird die Herkunft der Traubensorten und die Verarbeitungsmethode kontrolliert. Alkoholgehalt und Erzeugermengen sind festgelegt. A.C.-Weine oder A.O.C.-Weine dürfen nur aus der angegebenen Region kommen; Echtheit und Herkunft werden garantiert und kontrolliert.

Die aus Reben gewonnenen Getränke gehören in Frankreich zum Lebensstil ebenso wie das Essen. Man genießt und läßt das Leben zu einem Schauspiel werden. Am besten schmeckt der Wein natürlich in der Region, in der er hergestellt wird.
Die besten Weinanbaugebiete stelle ich Ihnen kurz vor:

Bordeaux

Diese Weine sind alle A.C. Sie zählen mit zu den besten Weinen der Welt. Die roten Weine sind herb und tanninhaltig, passen zu Käse, Braten, Wild und Wildgeflügel.
Alle Weißweine haben bis hin zum trockenen Wein einen vollen aromatischen Geschmack. Sie passen zu hellem Geflügel und zu Fischgerichten.

Burgund

Aus dieser Region kommen ebenfalls nur A.C.-Weine. Der berühmte Beaujolais, der nur aus Gamay-Trauben gewonnen wird, sowie der Beaujolais nouveau, der nur die erste Gärung aufweist, sind markante Weine. Alle Rotweine aus diesem Gebiet sind vollmundig und passen vor allem zu Lamm, Wild und Käse.
Die Weißweine, vor allem von der Loire, sind leicht, spritzig und trokken. Sie werden zu Fisch, Schalen- und Krustentieren gereicht.

Côtes du Rhône

Auch hier gibt es vor allem A.C.-Weine, die sehr gehaltvoll und kräftig sind. Namen wie Châteauneuf du Pape und Hermitage sind die bekanntesten unter den Rotweinen, die vorzugsweise zu Käse, Wild, Lamm und Rind genossen werden.
Der Roséwein Tavel ist gehaltvoll und eignet sich besonders zu Schweinefleisch.
Weißweine, die schwer und vollmundig sind, gibt es wenige, jedoch sind diese ausgezeichnet und passen gut zu gehobenen Fischgerichten.

Côtes de Provençe

Der Roséwein, der hier gedeiht, ist ein erfrischendes und prickelndes Getränk und genau das Richtige für die warmen Sonnentage. Den Alkoholgehalt dieses Weines sollte man aber nicht unterschätzen. Diese Weine werden zu Kalbfleisch, Geflügel und Schweinefleisch getrunken.

Alsace

Die Weißweine aus den Vogesen, wie Riesling, Gewürztraminer und Pinot Blanc, sind vor allem durch ihre Bekömmlichkeit bekannt. Sie wirken leicht und spritzig. Dadurch eignen sie sich besonders zu Fisch und Vorspeisen.

Champagne

Der Champagner wird aus den roten Trauben Pinot Noir, Pinot Meunier und der weißen Traube Chardonnay gewonnen. Der besondere Kalkboden in dieser Gegend gibt dem Champagner den unverwechselbaren Geschmack. Nach der ersten Gärung wird der Wein in Flaschen gefüllt und mit dosiertem Zuckerzusatz zum Perlen gebracht.
Nur Weine aus dieser Region und nach diesem Verfahren hergestellt, dürfen als Champagner bezeichnet werden. Champagner wird zu jedem Anlaß getrunken.

Val de Loire

Aus diesem Tal kommen vor allem Weißweine, wie Sancerre, Pouilly-Fumé, Saumur, Sèvre et Maine und Muskadet, die leicht sind und sehr gut zu den Früchten des Meeres getrunken werden können.
Der Rosé d'Anjou ist ein süßlicher Wein, der gut gekühlt zu Vorspeisen oder Schweinefleisch gereicht wird.
Rotweine aus diesem Tal gibt es sehr wenig. Chinon ist wohl der bekannteste Name; jung wird er kühl getrunken, er eignet sich besonders zu Innereien und Geflügel.

Coteaux du Languedoc

Aus dieser Gegend stammen meistens Rotweine mit strengem Geschmack, die als Landwein auf den Markt kommen. Bessere Qualitäten finden sich in Corbières und Rossillon. Sie sind vollmundig und werden vor allem zu Käse gereicht.

Jura und Savoie

Aus diesen zwei bergigen Bereichen kommen vor allem leichte Weißweine, die Ausdruck und Geschmack haben, jedoch fein sind. Sie werden als gute, preiswerte Landweine gehandelt und eignen sich zu Vorspeisen und Geflügel.

Vorspeisen

Der Auftakt einer Mahlzeit ist in Frankreich traditionsgemäß ein Hors d'œuvre. Das ist eine kleine, leichte Vorspeise, die Gaumen und Magen auf die kommenden Genüsse vorbereiten soll.
Ein Hors d'œuvre muß immer auf die folgenden Gerichte abgestimmt sein: keine mächtige Vorspeise, wenn das Hauptgericht kräftig ist; keine Vorspeise aus Eiern, wenn das Dessert, beispielsweise ein süßes Soufflé, überwiegend aus Eiern hergestellt wird.
An einer Vorspeise soll sich niemand satt essen; die französische Küche verfügt über eine große Zahl leichter und köstlicher Hors d'œuvre, die das Auge erquicken und den Appetit anregen.

Oeufs en gelée aux cerfeuil et crevettes

Pochiertes Ei in Gelee mit Crevetten und Kerbel

Sie benötigen für 4 Personen:

3–4 EL Essig und 1 l Wasser
4 Eier
6 Blatt weiße Gelatine
1 ½ Tassen klaren Fischfond (siehe Rezept S. 29)
¾ Tasse trockenen Weißwein
¼ TL Salz, schwarzen Pfeffer
1 EL gehackten Kerbel
120 g geschälte Crevetten

So wird's gemacht:

1. Essig und Wasser aufkochen und vom Herd nehmen.
2. Die Eier einzeln in Tassen aufschlagen und vorsichtig nacheinander in das Essigwasser gleiten lassen. 5 Minuten ziehen lassen und anschließend in kaltes, gesalzenes Wasser geben.
3. Die Gelatineblätter in Wasser einweichen.
4. Den Fischfond mit Weißwein aufkochen, mit Salz und Pfeffer würzen und vom Feuer nehmen. Gelatine ausdrücken und beifügen. Erkalten lassen und den Kerbel dazugeben.
5. Die Crevetten in 4 Tassen oder Förmchen verteilen und die pochierten Eier (trocken) auflegen. Die Förmchen mit Gelee halb füllen und kalt stellen. Anschließend den Rest des Gelees nachgießen und nochmals kühlen.
6. Vor dem Stürzen die Förmchen kurz in heißes Wasser stellen und am Rand lösen.

Der Tip

Die Förmchen vor dem Füllen mit kaltem Wasser ausspülen und kühlen. Hierdurch löst sich das Gelee später besser aus der Form.
Speziell in der warmen Jahreszeit empfehle ich Ihnen, dieses Gericht mit Salaten zu garnieren.

Omelette aux cêpes

Omelette mit Steinpilzen

Sie benötigen für 4 Personen:

8 Eier
1/4 TL Salz
weißen Pfeffer aus der Mühle
etwas gehackte Petersilie
1 EL Butter
1 Schalotte
200 g Steinpilze

So wird's gemacht:

1. Die aufgeschlagenen Eier mit Salz, Pfeffer und Petersilie verrühren.
2. Die Butter in einer Pfanne erhitzen und die gehackten Schalotten darin anschwitzen. Die geputzten und in Scheiben geschnittenen Steinpilze dazugeben und kurz dünsten.
3. Unter ständigem Rühren die Eier in die Pfanne geben. Wenn die Masse langsam dick wird, die Pfanne vom Feuer nehmen und das Omelett vorsichtig von zwei Seiten her zusammenrollen und auf einen Teller oder eine Platte stürzen.

Der Tip

Ein Omelett können Sie in vielen Variationen zubereiten – mit Champignons, Krustentieren, Gemüsen oder »natur«.

Artichauts

Artischocken

Sie benötigen für 4 Personen:

4 Artischocken
2 Zitronen
1 EL Salz
1,5 l Wasser

Für die Saucen:

2 Fleischtomaten
200 g Mayonnaise
(siehe Rezept S. 29)
200 g Joghurt
1 Knoblauchzehe
3 EL gehackte Kräuter (Petersilie, Kerbel, Basilikum)

So wird's gemacht:

1. Die Blätter der Artischocken mit einer Schere 1 cm kürzen. Die Stiele unten abbrechen und glattschneiden. An der Spitze 2–3 cm abschneiden. Eine Zitrone in Scheiben schneiden, die andere auspressen.

2. Jede Artischocke mit einer Zitronenscheibe bedecken und über Kreuz mit einem Faden zusammenbinden.

3. Den Saft einer Zitrone, Salz und Wasser aufkochen, die Artischocken beigeben und mit einem Tuch zudecken. Die Artischocken 20–25 Minuten sieden lassen und dann herausnehmen.

4. Den Faden und die Zitronen ablösen, oben das Mittelstück herausdrehen und das Heu entfernen. Das Mittelstück umgedreht zurückstellen.

5. Die enthäuteten und entkernten Fleischtomaten für die Sauce pürieren oder sehr fein hacken.

6. Die Mayonnaise und den Joghurt mischen. Eine Hälfte davon mit dem Tomatenmus und dem gehackten Knoblauch, die andere Hälfte mit den Kräutern verrühren.

Quiche Lorraine

Lothringer Kuchen

Sie benötigen für 4 Personen:

100 g durchwachsenen Speck
2 Zwiebeln
2 EL Butter
150 g süße Sahne
1 Tasse Milch
3 Eier
100 g geriebenen Käse (Emmentaler)
1 Msp. Muskat
1/4 TL Salz
weißen Pfeffer aus der Mühle

Für den Teig:

200 g Mehl
100 g Butter
4 EL Milch
1/4 TL Salz

So wird's gemacht:

1. Für den Teig Mehl, Butter, Milch und Salz mischen und verkneten. Den Teig 30 Minuten ruhen lassen.
2. Den Speck und die Zwiebeln in kleine Würfel schneiden.
3. Die Butter in einer Pfanne zergehen lassen und den Speck und die Zwiebeln darin dünsten.
4. Die Sahne, die Milch und die Eier verrühren. Den Käse, die Zwiebeln, den Speck und die Gewürze dazugeben und mischen.
   Den Teig dünn ausrollen und in eine gebutterte und mit Mehl bestäubte Backform mit Rand geben.
5. Die Masse auf den Teig geben und bei 180 °C im Ofen 30 Minuten backen.

Cassolette aux escargots

Cassolette mit Schnecken

Sie benötigen für 4 Personen:

2 EL Butter
1 Knoblauchzehe
1 EL Schalotten
24 Weinbergschnecken (aus der Dose)
150 g geschälte Kartoffeln
2½ Tassen Rotwein
½ TL Salz
weißen Pfeffer aus der Mühle
150 g gekochten Schinken
200 g Champignons
200 g süße Sahne
1 EL gehackte Petersilie

So wird's gemacht:

1. Die Butter in einem Topf schmelzen, den gehackten Knoblauch und die gehackten Schalotten darin anschwitzen. Die Schnecken und die gewürfelten Kartoffeln beigeben und kurz dünsten.
2. Mit Rotwein ablöschen, den Schneckensaft dazugeben, mit Salz und Pfeffer würzen und 15 Minuten sieden lassen.
3. Schinken und Champignons würfeln, mit der Sahne in den Topf geben und nochmals 5 Minuten sieden lassen. Vor dem Servieren die Petersilie unterziehen.

Mille-feuilles aux Coquilles Saint-Jacques

Blätterteig mit Jakobsmuscheln

Sie benötigen für 4 Personen:

200 g Blätterteig (TK-Produkt)
1 EL Mehl, 1 Eigelb
200 g Blattspinat, geputzt und gewaschen
Butter zum Dünsten
2 EL gehackte Schalotten
Salz
schwarzen Pfeffer aus der Mühle
4 EL Noilly Prat (französischer Vermouth)
1 Tasse Fischfond (siehe Rezept S. 29)
1 Tasse Crème fraîche
1 Prise Cayennepfeffer

So wird's gemacht:

1. Den Blätterteig auf einer mit Mehl bestäubten Arbeitsfläche 5 mm dick ausrollen. Daraus 4 Jakobsmuschelformen schneiden und mit Eigelb bestreichen. Bei 200°C den Blätterteig 10 Minuten backen und waagerecht halbieren.
2. Den Blattspinat mit Butter und 1 Eßlöffel Schalotten in einem Topf andünsten und mit Salz und Pfeffer würzen. Den Blattspinat auf die unteren Blätterteighälften verteilen und warm stellen.
3. Das Jakobsmuschelfleisch halbieren, zusammen mit dem rosa Rogen mit Salz und Pfeffer würzen und in Butter kurz dünsten. Die Muscheln dann auf den Blattspinat legen und nochmals warm stellen.
4. Die restlichen Schalotten in der Pfanne mit Butter andünsten, mit Noilly Prat ablöschen, den Fischfond zugeben und das Ganze zur Hälfte einkochen lassen. Die Crème fraîche beifügen und nochmals zur Hälfte einkochen. Mit Cayennepfeffer, Salz und Pfeffer abschmecken.
5. Die Sauce über die Muscheln und den Spinat gießen und die oberen Hälften der Blätterteigmuscheln anlegen.

Der Tip

Der Blätterteig sollte nach dem Ausrollen etwa ¼ Stunde ruhen, damit er die Spannung verliert.

Pâté de campagne

Ländliche Pastete

Sie benötigen für 10 Personen:

400 g Schweinenacken
200 g fetten Speck
1 EL Olivenöl
1 Knoblauchzehe
2 Zwiebeln
300 g Schweineleber
80 g Champignons
80 g Äpfel
1 knappe Tasse Weißwein
2 EL gehackte Kräuter (Thymian, Petersilie, Rosmarin, Majoran)
1 EL Salz
weißen Pfeffer aus der Mühle
10 cl Calvados
200 g süße Sahne
1 Ei

Außerdem:

250 g schwach geräucherten, durchwachsenen Speck
5 Wacholderbeeren
1 Lorbeerblatt
1 Strauß Rosmarin

So wird's gemacht:

1. Schweinefleisch und fetten Speck in grobe Würfel schneiden und in eine Schüssel geben.
2. Das Olivenöl in einem flachen Topf erhitzen, Knoblauch und Zwiebeln hacken und darin anschwitzen. Schweineleber würfeln, beigeben und kurz dünsten.
3. Champignons in Scheiben schneiden, Apfel würfeln, untermischen und mitdünsten. Die Leber muß rosa bleiben. Mit dem Weißwein ablöschen, vom Feuer nehmen und auskühlen lassen.
4. Kräuter, Leber, Salz, Pfeffer und Calvados mit dem Fleisch und Fett mischen und über Nacht abgedeckt kalt stellen.
5. Am nächsten Tag die Masse durch den Fleischwolf (5-mm-Scheibe) drehen. Anschließend die Sahne und das Ei unterrühren.
6. Terrinenform mit dem dünn geschnittenen Speck auslegen. Masse einfüllen, mit Speckstreifen abdecken und Wacholderbeeren, Lorbeerblatt und Rosmarin auflegen.
7. Die Form abgedeckt ins Wasserbad stellen und im vorgeheizten Ofen bei 120 °C 50–60 Minuten pochieren.

Der Tip

In ein Wasserbad sollten Sie immer ein Stück Karton legen, damit die Form von unten nicht zu heiß wird.
Nach dem Pochieren die Terrinenfarce leicht beschweren, damit sie eine gute Form erhält.

Terrine de saumon

Lachsterrine

Sie benötigen für 10 Personen:

500 g frisches Lachsfilet (ohne Gräten)
2 TL Salz
weißen Pfeffer aus der Mühle
400 g süße Sahne
3–4 EL Noilly Prat (französischer Vermouth)
250 g frisches Lachsfilet (ohne Gräten)
80 g Spinatblätter
2 EL Butter

So wird's gemacht:

1. Das 500 g schwere Lachsfilet in grobe Würfel schneiden und mit Salz und Pfeffer würzen.
2. Die Würfel im Mixer fein pürieren und nach und nach die Sahne daruntermixen.
3. Die Lachsfarce in eine Schüssel geben, abschmecken und den Noilly Prat untermischen und kalt stellen.
4. Das 250 g schwere Lachsfilet mit Salz und Pfeffer würzen, die Spinatblätter blanchieren und um das Lachs-Herzstück wickeln.
5. Eine Terrinenform mit Butter ausstreichen, die Form halb mit Lachsfarce füllen, das Herzstück einlegen und anschließend die restliche Farce darüber verteilen.
6. Die Form abdecken, ins Wasserbad stellen und im vorgeheizten Ofen bei 120 °C 45–50 Minuten pochieren.

Der Tip

Der Fisch und die Sahne müssen sehr gut gekühlt sein, damit sich Eiweiß und Fett beim Mixen nicht trennen. Sie müssen schnell arbeiten, damit die Produkte nicht zu warm werden.
Wenn Sie die Terrine stürzen wollen, legen Sie die Form mit Alufolie aus.

Timbale de saumon

Timbale vom Lachs

Sie benötigen für 4 Personen:

250 g frisches Lachsfilet, ohne Gräten
Salz
Pfeffer aus der Mühle
200 g süße Sahne
2 EL Butter
½ EL gehackte Schalotten
½ Tasse Schaumwein
1 Tasse Fischfond (siehe Rezept S. 29)
1 Tasse Crème fraîche
100 g Lachskaviar
1 Prise Cayennepfeffer
12 Kerbelblätter

So wird's gemacht:

1. Das Lachsfilet in grobe Würfel schneiden und mit Salz und Pfeffer würzen. Dann in einem Mixer fein pürieren und nach und nach die Sahne dazumixen.
2. Die Farce in gebutterte Förmchen füllen und bei 120° C im Ofen 20 Minuten in die mit Wasser gefüllte Fettpfanne stellen und pochieren.
3. In einem Topf 1 Eßlöffel Butter erhitzen und die Schalotten darin andünsten. Mit dem Schaumwein ablöschen. Den Fischfond dazugeben und zur Hälfte einkochen lassen. Dann die Crème fraîche zufügen und nochmals zur Hälfte einkochen. Vom Herd nehmen und den Lachskaviar daruntergeben. Mit Cayennepfeffer, Salz und Pfeffer abschmecken.
4. Die Timbale nun auf die Teller stürzen, die Sauce angießen und alles mit den Kerbelblättern garnieren.

Foie de volaille aux raisins secs

Geflügelleber mit Rosinen

Sie benötigen für 4 Personen:

400 g Geflügelleber
Salz
schwarzen Pfeffer aus der Mühle
2 EL Olivenöl
2 EL Butter
50 g gehackte Schalotten
80 g Rosinen
2 EL Cognac
½ Tasse Rotwein
1 Tasse Sahne
1 EL gehackten Estragon

So wird's gemacht:

1. Die Geflügelleber säubern und die grünen Verfärbungen der Galle herausschneiden, die Leber mit Salz und Pfeffer würzen.
2. Das Olivenöl in einer Pfanne erhitzen und die Leber darin 5 Minuten braten, herausnehmen und warm stellen.
3. Die Butter in die Pfanne geben, erhitzen und die gehackten Schalotten darin andünsten, danach die Rosinen dazugeben, mit Cognac und Rotwein ablöschen und das Ganze zur Hälfte einkochen lassen.
4. Die Sahne dazugeben und nochmals zur Hälfte einkochen lassen. Den Estragon unterrühren und mit Salz und Pfeffer abschmecken.
5. Die Geflügelleber in die Sauce legen und nochmals kurz erhitzen.

Terrine de foie de volaille aux poivre vert

Geflügelleberterrine mit grünem Pfeffer

Sie benötigen für 10 Personen:

400 g Geflügelleber
1 EL Olivenöl
2 Schalotten
100 g Champignons
10 cl Cognac
300 g Geflügelfleisch
1 EL Salz
½ TL Zucker
400 g süße Sahne
1 Ei
70 g eingelegte grüne Pfefferkörner
2 EL Butter

So wird's gemacht:

1. Die Geflügelleber säubern und grüne Verfärbungen der Galle herausschneiden. Die Leber anschließend in grobe Würfel schneiden.
2. Das Olivenöl in einer Pfanne erhitzen und die gehackten Schalotten darin anschwitzen. Die Leber dazugeben und dünsten (die Leber muß rosa bleiben).
3. Die Champignons in Scheiben schneiden, beigeben und mit Cognac flambieren. Die Pfanne vom Feuer nehmen und kalt stellen.
4. Das Geflügelfleisch (ohne Haut) grob schneiden, mit der Leber mischen und mit Salz und Zucker würzen.
5. Die Masse im Mixer fein pürieren, nach und nach die Sahne und das Ei beigeben. Die Farce aus dem Mixer nehmen und den eingelegten grünen Pfeffer daruntermischen.
6. Eine Terrinenform ausbuttern, mit der Farce füllen und abdecken. Ins Wasserbad stellen und im vorgeheizten Ofen bei 120 °C 45–50 Minuten pochieren.

Der Tip

Sie können in diese Leberterrine als Einlage auch gekochte Schinkenwürfel, Kräuter, Pistazien oder gepökelte Zungenwürfel geben.

Soufflé au fromage

Käsesoufflé

Sie benötigen für 4 Personen:

50 g Butter
60 g Mehl
1/4 l Milch
1/4 TL Salz
weißen Pfeffer aus der Mühle
1 Prise Muskat
4 Eigelb
6 Eiweiß
1/2 EL Kartoffelmehl oder Weizenstärke
80 g geriebenen Käse (Emmentaler oder Gruyère)

Außerdem:

1 EL Butter
1 EL Mehl

So wird's gemacht:

1. Die kalte Butter und das Mehl verkneten.
2. Die Milch in einem flachen Topf aufkochen, mit Salz, Pfeffer und Muskat würzen. Die Mehlbutter flink unterrühren und auf dem Feuer halten, bis sich die Masse vom Boden löst.
3. Vom Feuer nehmen, etwas abkühlen lassen und die Eigelbe untermischen.
4. Eiweiß in einer Schüssel aufschlagen und vorsichtig unter die Masse heben. Kartoffelmehl mit dem Käse vermengen und ebenfalls unter die Masse heben.
5. Eine Souffléform mit Butter ausstreichen und bis zum Rand mit Mehl ausdrehen.
6. Die Soufflémasse in die vorbereitete Form füllen, ins Wasserbad stellen und im vorgeheizten Ofen bei 200 °C 30 Minuten backen.

Der Tip

Die Souffléform darf nur zu etwa drei Viertel gefüllt sein, weil die Masse stark aufgeht.
Ein Soufflé sollten Sie nach Möglichkeit nicht in einem Heißluftofen backen, weil in ihm ein gleichmäßiges Steigen der Masse nicht gewährleistet ist. Bei einem Ofen mit Unter- und Oberhitze stellen Sie unten 200 °C und oben 180 °C ein, damit die Hitze mit dem Soufflé nach oben steigt.

Soufflé aux crustacés

Krabbensoufflé

Sie benötigen für 4 Personen:

1/4 l Milch
1/4 TL Salz
schwarzen Pfeffer aus der Mühle
1 Prise Muskat
50 g Krebsbutter
60 g Mehl
4 Eigelb
6 Eiweiß
1 EL Cognac
50 g geschälte Krabben

Für die Form:

1 EL Butter
1 EL Mehl

Für die Sauce:

1 EL gehackte Schalotten
1 EL Butter
0,3 l klarer Fischfond (siehe Rezept S. 29)
200 g süße Sahne
2 Eigelb
50 g Krebsbutter
1 EL Cognac
1/4 TL Salz
1 Prise Cayennepfeffer

So wird's gemacht:

1. Die Milch in einem flachen Topf aufkochen, mit Salz, Pfeffer und Muskat würzen. Die Butter beigeben und zergehen lassen.
2. Mehl schnell unterrühren und weiterrühren, bis sich die Masse vom Boden löst und dick wird. Vom Feuer nehmen und etwas abkühlen lassen.
3. Die Eigelbe untermischen. Die Eiweiße in einer Schüssel aufschlagen und unter die Masse heben, Cognac und Krabben beigeben.
4. Eine backfeste Form (Souffléform) mit Butter ausstreichen und bis zum Rand mit Mehl ausdrehen.
5. Die Soufflémasse in die vorbereitete Form geben, ins Wasserbad stellen und im vorgeheizten Ofen bei 200 °C 30 Minuten backen.
6. Die Schalotten in einem Topf mit Butter glasig schwitzen, mit Fischfond auffüllen und zur Hälfte einkochen. 2/3 der Sahne dazugeben und nochmals zur Hälfte einkochen.
7. Den Rest der Sahne mit den Eigelben mischen. Diese Sahne-Ei-Mischung unter die Sauce rühren und sofort vom Feuer nehmen. Die Krebsbutter unterrühren und mit Cognac, Salz und Cayennepfeffer abschmecken.

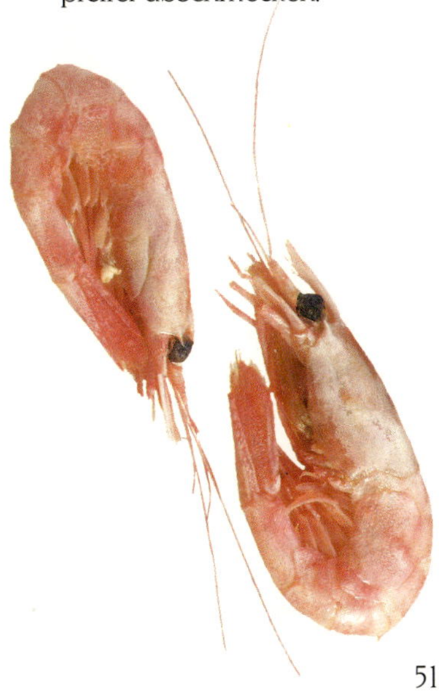

Salate

In Frankreich werden im ganzen Land köstliche Salatsorten angebaut und auf den Märkten angeboten. Bereits aus diesen vielfältigen Pflanzen ließen sich zusammen mit einem würzigen Dressing leckere Salate zubereiten. Die Franzosen jedoch lieben die Abwechslung und das Besondere, und sie verstehen sich ausgezeichnet auf die Kunst, die Produkte ihres Landes auf's beste miteinander zu kombinieren. Mit der ihnen eigenen Phantasie schufen sie Salatkompositionen und Salatkreationen, die als Zwischenmahlzeit für jeden Genießer ebenso geeignet sind wie als Appetitanreger oder auch als vollständige Mahlzeit, an der man sich satt essen kann, ohne den Genuß dabei zu verlieren.

Salade au jambon d'oie et noix

Salat mit Gänseschinken und Nüssen

Sie benötigen für 4 Personen:

2 Stauden Chicorée
2 kleine Köpfe Radicchiosalat
100 g Feldsalat
250 g Gänseschinken (geräucherte Gänsebrust)
1 EL Nußöl
100 g gemischte Nüsse (Haselnüsse, Walnüsse, Pinien oder Mandeln)

Für das Dressing:

1 TL mittelscharfen Senf
1 EL gehackte Schalotten
3 EL Sherryessig
schwarzen Pfeffer aus der Mühle
¼ TL Salz
5 EL Nußöl

So wird's gemacht:

1. Für das Dressing den Senf, die Schalotten, den Essig und die Gewürze in eine Schüssel geben und verrühren, anschließend das Nußöl unterrühren.
2. Die Salate putzen, waschen und abtropfen lassen, zum Dressing geben und mischen, danach auf 4 Teller verteilen.
3. Den Gänseschinken in Scheiben schneiden und auf den Salat legen.
4. Die Nüsse in einer Pfanne mit etwas Nußöl anschwitzen und über den Salat geben.

Salade Opéra

Opernsalat

Sie benötigen für 4 Personen:

2 kleine Köpfe Radicchiosalat
300 g Artischockenböden oder -herzen (aus der Dose)
1 weiche Avocado
120 g geschälte und gekochte Crevetten
4 gekochte Wachteleier (aus dem Glas)
40 g Lachskaviar
200 g geräucherten Lachs
1/4 Bund Kerbel

Für das Dressing:

3 EL Sherryessig
1/2 TL Salz
schwarzen Pfeffer aus der Mühle
1 EL gehackte Schalotten
2 EL gehackten Kerbel
6 EL Olivenöl

So wird's gemacht:

1. Den Radicchio putzen, waschen und abtropfen lassen. Die Artischockenböden (oder -herzen) in Scheiben schneiden. Die Avocado schälen, halbieren, den Stein entfernen und das Fruchtfleisch in Spalten schneiden.
2. Für das Dressing den Sherryessig in eine Schüssel geben, Salz und Pfeffer hinzufügen. Die Schalotten und den Kerbel in die Schüssel zum Essig geben und mit dem Olivenöl aufrühren.
3. Die Crevetten, die Avocado, den Radicchio und die Artischocken in dem Dressing anmachen und auf 4 Tellern anrichten.
4. Die Salatteller mit den halbierten Wachteleiern, dem Lachskaviar, den Lachsscheiben und den Kerbelblättern garnieren.

Salade niçoise

Salat »Nizza Art«

Sie benötigen für 4 Personen:

½ Kopfsalat
200 g gekochte Kartoffeln
200 g gekochte Prinzeßbohnen
4 Tomaten
100 g schwarze und grüne Oliven
1 EL Kapern
2 hartgekochte Eier
200 g Thunfisch (aus der Dose)
8 Sardellenfilets

Für das Dressing:

2 EL gehackte Schalotten
1 EL gehackte Petersilie
1 EL Senf
½ TL Salz
schwarzen Pfeffer aus der Mühle
¼ Tasse Sherryessig
½ Tasse Olivenöl

So wird's gemacht:

1. Den Kopfsalat putzen, waschen, abtropfen lassen und die Blätter in eine Schüssel oder auf eine Platte legen.
2. Für das Dressing die Schalotten mit der Petersilie, dem Senf, den Gewürzen und dem Essig in eine Schüssel geben und verrühren. Das Öl unter ständigem Rühren langsam beigeben.
3. Die gewürfelten Kartoffeln, die Bohnen, die Oliven, die enthäuteten, entkernten und gewürfelten Tomaten sowie die Kapern zum Dressing geben und vorsichtig mischen.
4. Auf den Salatblättern verteilen und mit den geachtelten Eiern, dem Thunfisch und den Sardellenfilets garnieren.

Salade vigneronne

Salat nach Winzer Art

Sie benötigen für 4 Personen:

2 Kopfsalat
1 EL gehackte Schalotten
1 Tasse Rotwein
4 EL Rotweinessig
1 Eigelb
1 TL Senf
½ TL Salz
schwarzen Pfeffer aus der Mühle
½ Tasse Traubenkernöl
200 g Trauben
100 g mageren Speck
2 EL Butter
50 g Toastbrot

So wird's gemacht:

1. Vom Kopfsalat die äußeren Blätter entfernen, vierteln, waschen, abtropfen lassen und auf eine Platte legen.
2. Die Schalotten mit dem Rotwein und dem Essig zu einer halben Tasse Flüssigkeit einkochen, anschließend auskühlen lassen.
3. Das Eigelb, den Senf und die Gewürze beigeben und mit dem Öl wie eine Mayonnaise aufrühren. Die Trauben halbieren, entkernen und zu dem Dressing geben.
4. Den Speck würfeln und in einer Pfanne auslassen, das Fett abgießen und die Butter dazugeben. Das Brot würfeln und in der Pfanne hellbraun rösten.
5. Das Dressing über die Kopfsalatherzen gießen, und den Speck und die Croûtons darüber verteilen.

Salade d'epinards et de tomates

Spinat- und Tomatensalat

Sie benötigen für 4 Personen:

500 g junge Spinatblätter
100 g Roquefort
1 Eigelb
3 EL Milch
2 EL gehackte Schalotten
1 Knoblauchzehe
1/4 TL Salz
schwarzen Pfeffer aus der Mühle
1/4 Tasse Sherryessig
1/2 Tasse Olivenöl
6 Tomaten

So wird's gemacht:

1. Die Spinatblätter putzen, waschen und gut abtropfen lassen.
2. Den Roquefort durch ein Sieb drücken oder mit einer Gabel zerdrücken und in eine Schüssel geben.
3. Mit dem Eigelb, der Milch, den Schalotten, dem gehackten Knoblauch, den Gewürzen und dem Essig mischen. Anschließend das Öl unter ständigem Rühren dazugeben.
4. Die Tomaten enthäuten, entkernen, achteln und mit den Spinatblättern zum Dressing geben und vorsichtig mischen.

Salade nouvelle

Moderner Salat

Sie benötigen für 4 Personen:

1 Kopf Friséesalat
1 Kopf Eichblattsalat
1 kleinen Kopf Radicchiosalat
250 g Kalbsbries
¼ TL Salz
weißen Pfeffer aus der Mühle
3 EL Butter
8 Scampi oder Riesencrevetten
150 g gekochte Prinzeßbohnen
150 g Champignons

Für das Dressing:

2 EL gehackte Schalotten
2 EL gehacktes Basilikum
¼ Tasse Himbeeressig
½ TL Salz
schwarzen Pfeffer aus der Mühle
⅓ Tasse Distelöl

So wird's gemacht:

1. Die Salate putzen, waschen und abtropfen lassen.
2. Das Kalbsbries wässern, enthäuten, in Scheiben schneiden, mit Salz und Pfeffer würzen. Die Butter in einer Pfanne erhitzen und die Briesscheiben 10 Minuten braten.
3. Die Scampi oder Riesencrevetten schälen, mit Salz und Pfeffer würzen, zum Kalbsbries in die Pfanne geben und kurz mitbraten.
4. Für das Dressing die Schalotten mit dem Basilikum, dem Essig und den Gewürzen in eine Schüssel geben und mit dem Öl aufrühren.
5. Die Bohnen in 4–5 cm große Stücke zerteilen, mit den blättrig geschnittenen Champignons und den Blattsalaten in das Dressing geben und mischen.
6. Den Salat auf 4 Tellern anrichten, die Scampi und das Kalbsbries darauflegen und mit Dressing benetzen.

Der Tip

Beim Braten des Kalbsbrieses sollten Sie darauf achten, daß es knusprig wird, während die Scampi glasig bleiben müssen.

Asperges aux trois sauces

Spargel mit drei Saucen

Sie benötigen für 4 Personen:

1,5 kg Spargel
2 l Wasser
½ EL Zucker
1 EL Salz
2 EL Butter

So wird's gemacht:

1. Den Spargel, unterhalb des Kopfes beginnend, schälen und ungefähr 2 cm von dem Endstück abbrechen.
2. Das Wasser mit dem Zucker, dem Salz und der Butter aufkochen, den Spargel ins Wasser legen und zugedeckt 15 bis 18 Minuten sieden lassen.

Sauce aux piments rouges

Rote Paprikasauce

Sie benötigen für 4 Personen:

250 g rote Paprikaschoten
1 Rezept Sauce hollandaise
(siehe Rezept S. 61)

So wird's gemacht:

1. Die Paprikaschoten waschen, halbieren, entkernen und im Salzwasser blanchieren.
2. In kaltem Wasser abkühlen lassen, anschließend pürieren, das Püree durch ein Sieb passieren und mit der Hollandaise vermischen.

Sauce vinaigrette

Kräuter-Essig-Sauce

Sie benötigen für 4 Personen:

2 EL gehackte Schalotten
2 EL gehackte Kräuter
(Petersilie, Kerbel, Estragon)
½ EL geschnittenen Schnittlauch
1 TL Senf
5 EL Sherryessig
10 EL Olivenöl
½ TL Salz
schwarzen Pfeffer aus der Mühle

So wird's gemacht:

1. Die Schalotten mit den Kräutern, dem Senf und dem Essig in einer Schüssel verrühren.
2. Das Olivenöl unter ständigem Rühren langsam dazugießen, zum Schluß mit Salz und Pfeffer würzen.

Sauce hollandaise

Holländische Sauce

Sie benötigen für 4 Personen:

250 g Butter
1 EL gehackte Schalotten
½ TL Pfefferkörner
1 Lorbeerblatt
2 EL Essig
1 Tasse Weißwein
3 Eigelb
½ TL Salz

So wird's gemacht:

1. Die Butter kochen lassen, bis sie klar wird; sofort durchsieben und abkühlen lassen.
2. Die Schalotten zusammen mit den zerstoßenen Pfefferkörnern, dem Lorbeerblatt, dem Essig und dem Weißwein in einem Topf bis auf ein Viertel der Flüssigkeit einkochen, anschließend in eine Schüssel sieben und kalt stellen.
3. Die Eigelbe in die Schüssel geben und im heißen Wasserbad so lange schlagen, bis der Schaum steif ist. Die Schüssel aus dem Wasserbad nehmen und kurze Zeit weiterschlagen.
4. Löffelweise die geklärte Butter unter die schaumigen Eier rühren und zum Schluß mit Salz würzen.

Suppen

Eine Suppe leitet den darauf folgenden warmen Teil des Menüs ein oder ist selbst Hauptgericht. Wie andere Vorspeisen soll auch die Suppe in ihrem Aroma und Gehalt auf das Menü abgestimmt sein.
Die vielfältigen Suppenkreationen aus Frankreich entwickelten sich im Lauf der Jahrhunderte aus den Eintopfmahlzeiten der Bevölkerung. Grundlage sind immer verschiedene Gemüse, die in Wasser oder Brühe gekocht werden, das Fleisch steht erst an zweiter Stelle. Zu vielen Suppen reichen die Franzosen eine Sauce, mit der sich jeder die Suppe nach seinem Geschmack verfeinern kann.

Creme Crécy

Karottensamtsuppe

Sie benötigen für 4 Personen:

1 EL Butter
1 Zwiebel
400 g Karotten
1 l hellen Kalbsfond
(siehe Rezept S. 29)
1 TL Salz
weißen Pfeffer aus der Mühle
100 g süße Sahne

So wird's gemacht:

1. Die Butter in einem Topf erhitzen und die gehackte Zwiebel darin anschwitzen. Die geschälten Karotten in Scheiben schneiden und dazugeben, mit dem Kalbsfond auffüllen und sieden lassen, bis die Karotten weich sind.
2. Die Suppe mixen oder die Karotten pürieren, mit Salz und Pfeffer würzen, und mit der Sahne vor dem Servieren verfeinern.

Potage à l'oseille

Sauerampfersuppe

Sie benötigen für 4 Personen:

150 g Sauerampfer
1 EL Butter
2 EL gehackte Schalotten
0,8 l hellen Kalbsfond
(siehe Rezept S. 29)
¾ TL Salz
weißen Pfeffer aus der Mühle
200 g süße Sahne
4 Eigelb
40 g geschnittenen Sauerampfer

So wird's gemacht:

1. Den Sauerampfer waschen, abtropfen lassen und zusammen mit der Butter und den Schalotten in einem Topf anschwitzen. Den Kalbsfond dazugießen und 15 Minuten kochen lassen.
2. Die Suppe fein pürieren, nochmals aufkochen lassen und mit Salz und Pfeffer würzen.
3. Die Sahne mit den Eigelben verrühren, zur Suppe geben und den Topf sofort vom Feuer nehmen und nicht mehr kochen lassen. Sauerampferstreifen vor dem Servieren auf die Suppe geben.

Garbure

Kohlsuppe mit Wurst

Sie benötigen für 4 Personen:

50 g weiße Bohnenkerne
200 g durchwachsenen Speck
1 Zwiebel
500 g Weißkraut
2 Knoblauchzehen
2 Zweige Thymian
1 Lorbeerblatt
1,6 l Bouillon (frisch oder Trockenprodukt)
50 g Karotten
50 g Lauch
50 g Staudensellerie
50 g Navetten (weiße Rübchen)
100 g Kartoffeln
200 g ungekochte Knoblauchwurst (oder grobe rohe Teewurst)
½ TL Salz
schwarzen Pfeffer aus der Mühle
1 Prise Muskat
1 EL gehackte Petersilie

So wird's gemacht:

1. Die Bohnen 6 Stunden in Wasser einweichen.
2. Den Speck 5 Minuten in Wasser abkochen und auf einem Teller abtropfen lassen.
3. Die Zwiebel und das Weißkraut blättrig schneiden und zusammen mit den Bohnen, dem Speck, dem gehackten Knoblauch, dem Thymian und dem Lorbeerblatt in einen Topf geben, die Bouillon dazugießen und 30 Minuten kochen lassen.
4. Die Karotten, den Lauch, den Staudensellerie, die Navetten und die Kartoffeln waschen, schälen, in Scheiben beziehungsweise in Ringe schneiden, Navetten und Kartoffeln würfeln.
5. Das Gemüse zusammen mit der Wurst in die Suppe geben, mit Salz, Pfeffer und Muskat würzen und nochmals 30 Minuten kochen.
6. Den Speck und die Wurst herausnehmen, klein schneiden und wieder zur Suppe geben. Vor dem Anrichten die Suppe mit Petersilie bestreuen.

Potage au Pistou

Gemüsesuppe mit Kräutersauce

Sie benötigen für 4 Personen:

50 g weiße Bohnenkerne
1 EL Olivenöl
1 Zwiebel
1 l Bouillon (frisch oder Trockenprodukt)
80 g Staudensellerie
100 g Kartoffeln
100 g Karotten
100 g Zucchini
80 g Lauch
1 TL Salz
schwarzen Pfeffer aus der Mühle
1 Prise Muskat
2 Tomaten

Für das Pistou:

2 Knoblauchzehen
5 EL Olivenöl
4 EL gehacktes Basilikum

So wird's gemacht:

1. Die weißen Bohnenkerne 6 Stunden in Wasser einweichen lassen.
2. Das Olivenöl in einem Topf erhitzen und die gehackte Zwiebel darin anschwitzen. Die Bohnenkerne dazugeben, mit etwas Bouillon auffüllen und das Ganze 30 Minuten kochen lassen.
3. Den Staudensellerie, die Kartoffeln, die Karotten und die Zucchini waschen, schälen und in Würfel, Lauch in Ringe schneiden. Die Bohnen zugeben und mit Bouillon aufgießen. Anschließend mit Salz, Pfeffer und Muskat würzen und 30 Minuten auf schwachem Feuer kochen lassen.
4. Für das Pistou den gehackten Knoblauch mit dem Olivenöl und dem Basilikum in einer Schüssel verrühren.
5. Die Tomaten enthäuten, entkernen und gewürfelt in die Suppe geben, nochmals aufkochen lassen und das Pistou untermischen.

Der Tip

Sie können das Pistou auch extra servieren, damit sich jeder nach Belieben davon in die Suppe geben kann.

Vichysoise

Kalte Lauch-Kartoffel-Suppe

Sie benötigen für 4 Personen:

2 Zwiebeln
2 EL Butter
200 g Kartoffeln
300 g Lauch
1 l hellen Kalbsfond
(siehe Rezept S. 29)
1 TL Salz
weißen Pfeffer aus der Mühle
200 g süße Sahne
2 EL geschnittenen Schnittlauch

So wird's gemacht:

1. Die Butter in einem Topf erhitzen und die gehackten Zwiebeln darin anschwitzen.
2. Die Kartoffeln schälen und in Scheiben, den Lauch in Ringe schneiden und in den Topf geben. Mit dem Fond auffüllen und sieden lassen, bis das Gemüse weich ist.
3. Die Gewürze und die Sahne beigeben und nochmals aufkochen lassen.
4. Die Suppe mixen oder das Gemüse pürieren und kalt stellen. Vor dem Servieren mit Schnittlauch bestreuen.

Potage de champignons

Champignonsuppe

Sie benötigen für 4 Personen:

500 g Champignons
1 EL Butter
2 EL gehackte Schalotten
1 gehackte Knoblauchzehe
1 Tasse Weißwein
2 Tassen Brühe
1 EL Reismehl
1 Tasse Sahne
Salz
schwarzen Pfeffer aus der Mühle
2 EL gehackte Petersilie

So wird's gemacht:

1. Die Champignons putzen, waschen und in Scheiben schneiden.
2. Die Butter in einem Topf erhitzen, die Schalotten und den Knoblauch darin anschwitzen, die Champignons dazugeben und mit Weißwein ablöschen. Mit der Brühe auffüllen und aufkochen lassen.
3. Das Reismehl mit der Sahne verrühren, zur Suppe geben und aufkochen lassen. Mit Salz und Pfeffer würzen und mit Petersilie verfeinern.

Potage soisonnaise

Weiße Bohnensuppe

Sie benötigen für 4 Personen:

200 g weiße Bohnenkerne
2 EL Butter
2 Zwiebeln
40 g Karotten
40 g Lauch
40 g Staudensellerie
100 g Speck oder Schinkenschwarte
1,5 l Bouillon (frisch oder Trockenprodukt)
1 TL Salz
schwarzen Pfeffer aus der Mühle
1 Prise Muskat
200 g süße Sahne

So wird's gemacht:

1. Die Bohnen 6 Stunden in Wasser einweichen.
2. Die Butter in einem Topf erhitzen und die gewürfelten Zwiebeln dazugeben. Die Karotten, den Lauch und den Sellerie waschen, grob zerschneiden und mit den Zwiebeln anschwitzen.
3. Die eingeweichten Bohnen und die Speckschwarte dazugeben und mit der Bouillon auffüllen; mit Salz, Pfeffer und Muskat würzen.
4. 60 Minuten kochen lassen. Die Speckschwarte herausnehmen und die Suppe pürieren. Zum Schluß die Sahne unterrühren.

Potage de laitue pommée

Kopfsalatsuppe

Sie benötigen für 4 Personen:

2 EL Butter
1 Zwiebel
200 g Kartoffeln
2 Kopfsalat
1 l Bouillon (frisch oder Trockenprodukt)
3/4 TL Salz
schwarzen Pfeffer aus der Mühle
1 Prise Muskat
200 g süße Sahne

So wird's gemacht:

1. Die Butter in einem Topf erhitzen und die gewürfelten Zwiebeln darin anschwitzen.
2. Die Kartoffeln schälen und würfeln, den Kopfsalat waschen und zerschneiden, 3–5 Minuten mit den Zwiebeln dünsten. Anschließend mit der Bouillon auffüllen, die Gewürze beigeben und 30 Minuten kochen lassen.
3. Die Suppe durch ein Sieb streichen oder mixen. Zum Schluß die Sahne unterrühren.

Crème à la reine

Königinsuppe

Sie benötigen für 4 Personen:

50 g Sellerie
1½ Zwiebeln
50 g Lauch
500 g Hähnchenkeule
50 g Reis
1 Lorbeerblatt
1 Zweig Estragon
1,2 l hellen Geflügelfond
(siehe Rezept S. 29)
1 TL Salz
1 Prise Muskat
weißen Pfeffer aus der Mühle
150 g süße Sahne

So wird's gemacht:

1. Die Gemüse waschen, sorgfältig putzen und in grobe Stücke schneiden.
2. Die Hähnchenkeulen, den Reis, die Gemüse, das Lorbeerblatt und den Estragon mit dem Geflügelfond in einen Topf geben und 20 Minuten kochen lassen. Zwischendurch die Brühe einmal abschäumen.
3. Die Hähnchenkeulen herausnehmen und das Fleisch in Würfel schneiden. Die Hähnchenknochen und die Haut wieder in die Brühe zurückgeben und nochmals 30 Minuten kochen lassen.
4. Die Knochen und die Haut herausnehmen und wegwerfen.
5. Die Suppe fein mixen, durch ein Sieb passieren, nochmals kurz aufkochen lassen und die Gewürze beigeben.
6. Die Sahne unter die Suppe rühren und sofort vom Feuer nehmen, anschließend die Hähnchenwürfel wieder in die Suppe geben.

Bisque d'écrevisses

Krebssuppe

Sie benötigen für 4 Personen:

¾ l Fischfond
(siehe Rezept S. 29)
12 Krebse à ca. 30 g
200 g Karotten, Lauch, Sellerie,
Zwiebeln, in Würfel geschnitten
(Mirepoix)
2 EL Butter
1 EL Tomatenmark
1 Zweig Dill
1 Zweig Thymian
3 EL Cognac
½ Tasse Weißwein
1 Tasse Sahne
2 EL Reismehl
Salz
schwarzen Pfeffer aus der Mühle
1 Prise Cayennepfeffer

So wird's gemacht:

1. Den Fischfond in einem Topf aufkochen, die Krebse darin kurz blanchieren und wieder herausnehmen.
2. Das Fleisch aus den Krebsschwänzen brechen und die Krebskarkassen in einer Schüssel oder einem Mörser zerstoßen.
3. Das Gemüse mit Butter in einem Topf anschwitzen und die zerstoßenen Krebskarkassen, das Tomatenmark, den Dill und den Thymian dazugeben. Kurz angehen lassen und mit Cognac flambieren.
4. Den Weißwein und den Fischfond angießen und 45 Minuten kochen lassen.
5. Die Bisque nun durch ein Sieb passieren und mit dem in Sahne angerührten Reismehl binden. Die Krebsschwänze hineingeben und die Suppe abschmecken.

Bouillabaisse

Südfranzösische Fischsuppe

Sie benötigen für 4 Personen:

3–4 EL Olivenöl
2½ Zwiebeln, in Scheiben
80 g Staudenselleriestreifen
80 g Lauchringe
80 g Fenchelstreifen
1 Knoblauchzehe
2 Tomaten
¼ l trockenen Weißwein
2 Msp. Safranpulver oder
20 Safranfäden
1 Strauß Thymian
1 Lorbeerblatt
1 l klaren Fischfond
(siehe Rezept S. 29)
1½ TL Salz
schwarzen Pfeffer aus der Mühle
2 cl Pernod
1,2 kg Fische (Seeteufel, Knurrhahn, Rotbrasse, Rotbarsch, Merlan, Sankt-Peters-Fisch, Muscheln und Hummerkrabben oder Hummer)
1 EL gehacktes Fenchelkraut
16 Baguettescheiben

Für die Sauce Rouille:

½ rote Paprikaschote
2 Knoblauchzehen
1 Scheibe Toastbrot
2 EL klaren Fischfond
(siehe Rezept S. 29)
10 EL Olivenöl
¼ TL Salz
1 Prise Cayennepfeffer
schwarzen Pfeffer aus der Mühle

So wird's gemacht:

1. Das Olivenöl in einem Topf erhitzen, das Gemüse, den gehackten Knoblauch und die entkernten und geschnittenen Tomaten darin anschwitzen.
2. Mit Weißwein ablöschen, den Safran, den Thymian, das Lorbeerblatt und den Fischfond dazugeben und 10 Minuten kochen lassen. Salz, Pfeffer und Pernod zugeben.
3. Die Fische schuppen, von Innereien befreien, Kopf und Schwanz entfernen, in Stücke schneiden. Seeteufel, Sankt-Peters-Fisch und Knurrhahn zur Suppe geben und 3 Minuten kochen lassen.
4. Dann die Muscheln, Hummerkrabben und die Fische, die nur kurze Garzeiten benötigen, beigeben und nochmals 5 Minuten kochen lassen.
5. Für die Sauce Rouille die Paprikaschote, den Knoblauch und die Toastscheibe grob zerkleinern und mit dem Fischfond in einem Mixer fein pürieren, anschließend das Olivenöl langsam dazugießen. Mit Salz, Cayennepfeffer und Pfeffer würzen.
6. Die Fischsuppe in einer Terrine servieren und mit dem Fenchelkraut bestreuen. Die Sauce Rouille und die frisch getoasteten Baguettescheiben extra reichen.

Fische und andere Meeresfrüchte

Alles, was in den Meeren und in Frankreichs Flüssen und Seen gefangen wird, verwandeln die Franzosen zu einem köstlichen Hors d'œuvre, zu einer pikanten Suppe, wie der weltweit bekannten Bouillabaisse oder zu einem feinen Hauptgericht. Die Fische, Krusten- und Schalentiere aus dem Süß- und Salzwasser sind ebenso vielfältig in Form und Geschmack wie die Zubereitungsarten, die die französische Küche für jeden Fischliebhaber bereithält. Fische, Muscheln und Krebse sind aus der französischen Küche nicht wegzudenken.

Sole normande

Seezunge aus der Normandie

Sie benötigen für 4 Personen:

2 EL Butter
2 EL gehackte Schalotten
½ TL Salz
schwarzen Pfeffer aus der Mühle
2 Seezungen à 600 g (ohne Kopf)
100 g Champignons
250 g Miesmuscheln
¾ Tasse trockenen Weißwein
100 g geschälte Crevetten
1 Tasse klaren Fischfond
(siehe Rezept S. 29)
300 g süße Sahne
3 Eigelb

So wird's gemacht:

1. Eine Schmorpfanne buttern, die Schalotten dazugeben, leicht mit Salz und Pfeffer würzen. Die gesäuberten Seezungen, die blättrig geschnittenen Champignons und die geputzten Muscheln darübergeben.
2. Den Weißwein dazugießen und abgedeckt dünsten, bis sich die Muscheln öffnen.
3. Die Seezungen auf eine Platte legen. Das Muschelfleisch ausbrechen, mit den Champignons und den Crevetten auf die Seezungen legen und warm stellen.

4. Den Fischfond zur Hälfte einkochen, ⅔ der Sahne zugeben und 5 Minuten kochen. ⅓ der Sahne mit den Eigelben mischen, in die heiße Sauce einrühren, sofort vom Feuer nehmen und mit Salz und Pfeffer würzen.
5. Die Sauce über die angerichteten Seezungen geben.
Als Beilage eignet sich gedünsteter Mangold und gekochter Reis.

Der Tip

Die Seezunge können Sie auch filetiert kaufen; in diesem Fall sollten Sie darauf achten, daß die Filets nicht zu trocken werden. Nehmen Sie den Fisch rechtzeitig vom Feuer.

Limande »Dugléré«

Rotzunge »Dugléré«

Sie benötigen für 4 Personen:

4 Rotzungen à 350 g (ohne Kopf)
2 EL gehackte Schalotten
2 EL Butter
½ TL Salz
schwarzen Pfeffer aus der Mühle
1½ Tassen trockenen Weißwein
¾ Tasse klaren Fischfond
(siehe Rezept S. 29)
3 Tomaten
300 g Crème fraîche
2 EL gehackte Petersilie
1 Prise Cayennepfeffer

So wird's gemacht:

1. Die Rotzungen mit den Schalotten in eine gebutterte Schmorpfanne geben; mit Salz und Pfeffer würzen und mit Weißwein angießen. Das Ganze abgedeckt auf schwachem Feuer dünsten lassen; die Rotzungen herausnehmen und warm stellen.
2. Den Fischfond zur Hälfte einkochen, und die enthäuteten, entkernten und grob gewürfelten Tomaten zugeben und aufkochen lassen. Die Crème fraîche, die Petersilie und den Cayennepfeffer dazugeben, verrühren und nochmals etwas einkochen lassen.
3. Die Rotzungen auf eine Platte legen und mit der Sauce überziehen.
   Als Beilage eignet sich frischer Blattspinat mit gerösteten Pinienkernen.

Bar à la sauge et orange

Wolfsbarsch mit Salbei und Orangen

Sie benötigen für 4 Personen:

1,4 kg Wolfsbarsch
½ TL Salz
schwarzen Pfeffer aus der Mühle
1 Strauß Salbei (etwa 25 Blätter)
4 EL Olivenöl
2 Orangen
50 g Butter
1 Prise Cayennepfeffer
Saft von 1 Zitrone

So wird's gemacht:

1. Den Wolfsbarsch schuppen, ausnehmen, waschen, Flossen abschneiden, Kiemen herausnehmen. Mit Salz und Pfeffer würzen. Die Salbeistiele in den Wolfsbarsch geben. Den Fisch auf ein Backblech legen und mit Olivenöl begießen.
2. Den Wolfsbarsch 30 Minuten bei 200 °C im Ofen backen. Eine Orange schälen (auch die weiße Haut entfernen), in Scheiben schneiden und den Fisch damit belegen.
3. Die Salbeiblätter grob hacken. Die Butter in einem Topf erhitzen, bis sie schäumt, die Salbeiblätter zugeben, mit Salz, Pfeffer und Cayennepfeffer würzen. Mit dem Saft der Zitrone und der übrigen Orange ablöschen.
4. Diese Sauce über den Wolfsbarsch gießen und für 10 Minuten in den geheizten Ofen geben und durchziehen lassen.
5. Den Fisch vom Rücken her filetieren; die Buttersauce extra servieren.
   Als Beilage eignen sich geschmorter Chicorée und getoastete Baguettescheiben.

Zéphir de turbot »Marseillaise«

Steinbutt »Marseiller Art«

Sie benötigen für 4 Personen:

600 Steinbuttfilet
1 EL Butter
½ TL Salz
schwarzen Pfeffer aus der Mühle
1 EL gehackte Schalotten
60 g Selleriestreifen
60 g Lauchstreifen
60 g Karottenstreifen
¾ Tasse trockenen Weißwein
1 Tasse klaren Fischfond
(siehe Rezept S. 29)
1 EL Pernod
1 Prise Cayennepfeffer
20 Safranfäden oder 0,2 g
Safranpulver
300 g Crème fraîche

So wird's gemacht:

1. Die Steinbuttfilets in eine gebutterte Schmorpfanne legen, mit Salz und Pfeffer würzen; die Schalotten, die Gemüsestreifen und den Weißwein dazugeben und auf schwachem Feuer etwa 10 Minuten abgedeckt dünsten.
2. Die Filets herausnehmen, die verschiedenen Gemüse-julienne darübergeben und warm stellen.
3. Den Fond mit dem Pernod, dem Cayennepfeffer und den Safranfäden oder dem Safranpulver würzen und zur Hälfte einkochen. Die Crème fraîche dazugießen und nochmals 5 Minuten kochen lassen.
4. Die Sauce abschmecken und über den Steinbutt gießen. Dazu passen grüne Nudeln.

Der Tip

Die Garzeit der Steinbuttfilets hängt von der Stärke der Filets ab. Der Fisch muß glasig bleiben, das heißt der Kern sollte fast noch roh sein.

Queue de lotte à la provençale

Seeteufel »Provenzalische Art«

Sie benötigen für 4 Personen:

1 kg Seeteufel (ohne Kopf und Haut)
½ TL Salz
schwarzen Pfeffer aus der Mühle
4 EL Olivenöl
60 g Butter
2 Knoblauchzehen
2 EL gehackte Schalotten
2 Tomaten
5 EL gehackte Kräuter (Salbei, Schnittlauch, Thymian, Basilikum und Estragon)
2 EL Zitronensaft

So wird's gemacht:

1. Den Seeteufel mit Salz und Pfeffer würzen. Das Olivenöl in einer Pfanne erhitzen, den Fisch darin anbraten und im Ofen bei 180 °C etwa 20 Minuten weiterbraten.
2. Den Fisch herausnehmen und warm stellen.
3. Die Butter in die Pfanne geben und leicht bräunen, den Knoblauch in Scheiben schneiden und zusammen mit den Schalotten darin kurz anschwitzen.
4. Die enthäuteten und entkernten Tomaten achteln und mit den Kräutern zu der Butter geben. Mit Salz, Pfeffer und Zitronensaft würzen. Die Sauce über den Seeteufel geben. Hierzu empfehle ich Blattsalat mit Joghurt-Zitronen-Dressing und frisches Baguette.

Rouget barbet à la ciboulette

Rotbarbe mit Schnittlauchsauce

Sie benötigen für 4 Personen:

8 Rotbarben à 200 g
½ TL Salz
schwarzen Pfeffer aus der Mühle
2 EL Butter
1 Knoblauchzehe
2 EL gehackte Schalotten
1½ Tassen trockenen Weißwein
¾ Tasse klaren Fischfond
(siehe Rezept S. 29)
300 g Crème fraîche
3 EL geschnittenen Schnittlauch
1 Prise Cayennepfeffer

So wird's gemacht:

1. Die Rotbarben ausnehmen, schuppen und säubern und mit Salz und Pfeffer würzen.
2. Die Butter in eine Schmorpfanne geben, den gehackten Knoblauch und die Schalotten darin anschwitzen und mit dem Weißwein und dem Fischfond ablöschen. Die Rotbarben in diesem Fond 15 Minuten dünsten.
3. Den Fisch herausnehmen und warm stellen. Den Fond zur Hälfte einkochen. Die Crème fraîche und den Schnittlauch dazugeben, nochmals unter ständigem Rühren 5 Minuten einkochen, mit Cayennepfeffer, Pfeffer und Salz abschmecken.
4. Die Sauce auf eine Platte gießen und die Rotbarben darauf legen.
   Als Beilage eignen sich in Butter gebratene Austernpilze und gekochter Reis.

Saint-Pierre aux olives

Sankt-Peters-Fisch mit Oliven

Sie benötigen für 4 Personen:

2 Sankt-Peters-Fische à 700 g
2 Sträuße Thymian
2 Knoblauchzehen
½ TL Salz
schwarzen Pfeffer aus der Mühle
4 EL Olivenöl
60 g Butter
2 EL gehackte Schalotten
200 g grüne und schwarze Oliven
1 Tomate
2 EL gehackte Petersilie
1 Zitrone

So wird's gemacht:

1. Die Sankt-Peters-Fische ausnehmen, waschen, die Rückenflossen abschneiden und von den Kiemen befreien. Den Thymian und den gehackten Knoblauch in die Fische füllen und außen mit Salz und Pfeffer würzen.
2. Das Olivenöl in einer Pfanne erhitzen und den Fisch darin auf beiden Seiten anbraten. Anschließend für 20 Minuten bei 200 °C im Ofen garen. Den Fisch aus der Pfanne nehmen und warm stellen.
3. Die Butter in der Pfanne erhitzen und die Schalotten darin anschwitzen. Die Oliven halbieren und entkernen, die Tomaten enthäutet und entkernt in kleine Würfel schneiden und in der Butter kurz sautieren.
4. Die Petersilie und den Saft einer Zitrone hinzufügen, mit Salz und Pfeffer würzen. Die Buttersauce über die Sankt-Peters-Fische geben.
Hierzu passen geschmorter Fenchel und ein Risotto.

Filet de flétan au ginger et grapefruit

Heilbuttfilet mit Ingwer und Grapefruit

Sie benötigen für 4 Personen:

1 EL Butter
2 EL gehackte Schalotten
4 Heilbuttfilets à 150 g
Salz
schwarzen Pfeffer aus der Mühle
1 Tasse Weißwein
1 Tasse Fischfond
(siehe Rezept S. 29)
1 Grapefruit
2 Tassen Crème fraîche
15 g frischen Ingwer
1 Prise Cayennepfeffer

So wird's gemacht:

1. Eine Pfanne mit Butter ausstreichen. Die gehackten Schalotten und die Heilbuttfilets in die Pfanne legen, leicht mit Salz und Pfeffer würzen, den Weißwein und den Fischfond angießen und das Ganze 10 Minuten pochieren.
2. Die Filets herausnehmen, warm stellen und den Fond zur Hälfte einkochen lassen.
3. Die Grapefruit mit einem Messer schälen und filieren, den Saft zum Fond geben, die Crème fraîche dazugeben und nochmals zur Hälfte einkochen lassen.
4. Den Ingwer schälen, in sehr feine Streifen schneiden, mit den Grapefruitfilets in die Sauce geben und mit Salz, Pfeffer und Cayennepfeffer abschmecken.
   Dazu empfehle ich Ihnen gedünsteten Mangold und frisches Baguette.

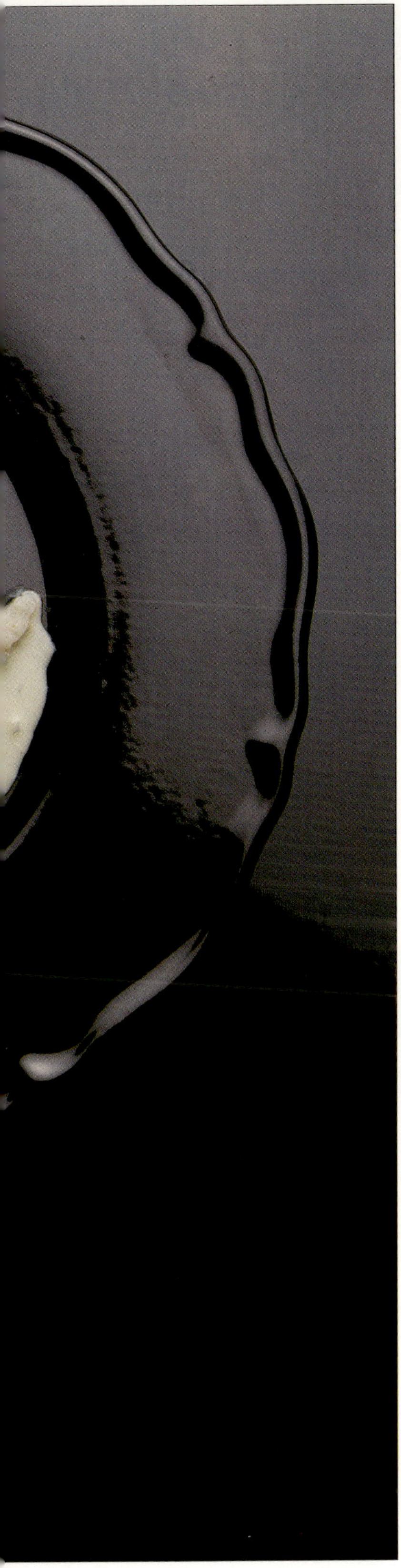

Darne de saumon aux légumes

Mittelstück vom Lachs mit Gemüse

Sie benötigen für 4 Personen:

je 80 g Lauch, Fenchel und Staudensellerie
150 g Karotten
100 g Navetten (weiße Rübchen)
50 g Schalotten
2 EL Butter
1 Lorbeerblatt
1 Knoblauchzehe
1 Strauß Thymian
1½ Tassen trockenen Weißwein
0,5 l klaren Fischfond (siehe Rezept S. 29)
1 EL Noilly Prat (französischer Vermouth)
1 TL Salz, schwarzen Pfeffer
1 Prise Cayennepfeffer
4 Lachsscheiben à 220 g
3 EL grob gehackte Petersilie

So wird's gemacht:

1. Die Gemüse putzen, waschen und in Scheiben schneiden. Die Navetten vierteln. Die Butter in einem flachen Topf erhitzen und das Gemüse darin anschwitzen.
2. Das Lorbeerblatt, den in Scheiben geschnittenen Knoblauch und den Thymian dazugeben und mit dem Weißwein, dem Fischfond und dem Noilly Prat auffüllen.
3. Das Gemüse zum Kochen bringen und mit Salz, Pfeffer und Cayennepfeffer abschmecken. 5 Minuten kochen lassen und das Feuer schwächer stellen.
4. Die Lachsscheiben auf das Gemüse legen und 10 Minuten dünsten.
5. Den Fisch auf eine Platte legen und die Mittelgräte herausziehen. Die Gemüse um den Lachs herumlegen, mit etwas Fond überziehen, und mit Petersilie bestreuen.
Dazu reichen Sie eine Sauce hollandaise (siehe Rezept S. 61) und frisches Baguette.

Féra »Grenobloise«

Felchen »Grenobler Art«

Sie benötigen für 4 Personen:

4 Felchen à 300 g
½ TL Salz
schwarzen Pfeffer aus der Mühle
4 EL Olivenöl, 80 g Butter
1 EL gehackte Schalotten
2 Zitronen
2 Toastbrotscheiben
100 g Kapern
2 EL gehackte Kräuter (Petersilie, Kerbel und Estragon)

So wird's gemacht:

1. Die Felchen schuppen, ausnehmen, waschen und die Flossen abschneiden, mit Salz und Pfeffer würzen. In einer Pfanne das Olivenöl mit einem Teelöffel Butter erhitzen und die Fische auf beiden Seiten anbraten. Anschließend die Schalotten zufügen und die Pfanne für 15 Minuten bei 200 °C in den Ofen stellen.
2. Die Zitronen schälen, in 1 cm große Würfel schneiden und die Kerne entfernen. Die Toastbrotscheiben von der Rinde befreien und ebenfalls in Würfel schneiden.
3. Die Felchen aus der Pfanne nehmen und warm stellen.
4. Die Brotwürfel in die Pfanne geben und hellbraun rösten. Anschließend die Butter zugeben und erhitzen, bis sie schäumt. Die Kapern, die Kräuter und Zitronenwürfel in der Butter schwenken. Diese Mischung über die Felchen gießen.
Dazu eignen sich geschmorter Lauch mit Speck (siehe Rezept S. 134) und Kartoffeln.

Filet de sandre à la bonne femme

Zanderfilet »nach Art der Hausfrau«

Sie benötigen für 4 Personen:

1 EL Butter
1 EL gehackte Schalotten
200 g Champignons
4 Zanderfilets à 160 g
¾ Tasse trockenen Weißwein
½ TL Salz
schwarzen Pfeffer aus der Mühle
1½ Tassen klaren Fischfond (siehe Rezept S. 29)
200 g süße Sahne
1 Prise Cayennepfeffer
100 g geschlagene süße Sahne
3 Eigelb
2 EL gehackte Petersilie und Kerbel

So wird's gemacht:

1. Die Butter in einer Schmorpfanne erhitzen und die Schalotten darin glasig schwitzen. Die Champignons in Scheiben schneiden, dazugeben und die Zanderfilets obenauflegen.
2. Mit Weißwein und dem Fischfond ablöschen, mit Salz und Pfeffer leicht würzen. Die Filets 5 Minuten abgedeckt dünsten lassen, auf eine Platte geben und die Champignons auf den Fisch legen.
3. Den Fond zur Hälfte einkochen. Die flüssige Sahne beigeben, nochmals zur Hälfte einkochen und mit Cayennepfeffer, Salz und Pfeffer würzen.
4. Die geschlagene Sahne und die Eigelbe mischen. Die kochende Sauce vom Feuer nehmen, die Sahne-Eigelb-Mischung unterheben und die Petersilie und den Kerbel beigeben.
5. Die Sauce über die Zanderfilets gießen und im Ofen bei starker Oberhitze hellbraun glacieren.
Dazu servieren Sie Brokkoli mit Mandeln und Reis.

Truite aux amandes et citron vert

Forelle mit Mandeln und Limone

Sie benötigen für 4 Personen:

4 küchenfertige Forellen à 250 g
Salz
schwarzen Pfeffer aus der Mühle
3 unbehandelte Limonen
2 EL Mehl
4 EL Olivenöl
4 EL Butter
100 g geröstete Mandelscheiben

So wird's gemacht:

1. Die Forellen mit Salz, Pfeffer und dem Saft einer Limone würzen, mit Mehl bestäuben. Das Olivenöl in einer Pfanne erhitzen und die Forellen darin von beiden Seiten braun anbraten und dann im Ofen 10 Minuten bei 180 °C backen.
2. Die restlichen Limonen heiß abwaschen. Das Grüne der Schalen fein abreiben und die Limonen auspressen.
3. Die gebratenen Forellen aus der Pfanne nehmen und warm stellen. In die Pfanne nun die Butter geben und braun werden lassen. Dann schnell die Mandeln, den Saft und die abgeriebene Schale der Limonen dazugeben. Die Sauce über die Forellen geben.
Dazu empfehle ich gekochte, in Dill geschwenkte Kartoffeln.

Quenelles de brochet au cerfeuil

Hechtklößchen in Kerbelsauce

Sie benötigen für 4 Personen:

400 g entgrätetes Hechtfilet
1 TL Salz
schwarzen Pfeffer aus der Mühle
1 Prise Cayennepfeffer
1 Eiweiß
300 g süße Sahne

Für die Sauce:

2 EL gehackte Schalotten
2 EL Butter
¾ Tasse trockenen Weißwein
2 Tassen klaren Fischfond
(siehe Rezept S. 29)
300 g Crème fraîche
3 EL gehackten Kerbel
2 EL Noilly Prat (französischer Vermouth)
½ TL Salz
schwarzen Pfeffer aus der Mühle
1 Prise Cayennepfeffer

So wird's gemacht:

1. Das Hechtfleisch in kleine Stücke schneiden und mit Salz, Pfeffer und Cayennepfeffer würzen.
2. Das Fleisch in einen Mixer geben und ganz fein pürieren. Das Eiweiß dazugeben und weiter mixen. Nach und nach die Sahne beigeben und das Fischfleisch solange mixen, bis eine Bindung mit der Sahne entsteht.
3. Die Hechtfarce durch ein Passiersieb streichen. Mit zwei Eßlöffeln Klößchen abstechen und in leicht gesalzenem Wasser 10 Minuten pochieren.
4. Für die Sauce die Schalotten in einem Topf mit Butter glasig schwitzen, den Weißwein und den Fischfond dazugeben und zu ¾ einkochen. Die Crème fraîche einrühren und nochmals 5 Minuten kochen lassen. Den Kerbel und den Noilly Prat unterrühren und mit Salz, Pfeffer und Cayennepfeffer würzen.
5. Die Hechtklößchen abtropfen lassen, auf eine Platte geben und mit der Sauce anrichten. Dazu eignen sich sautierte Champignons und gekochter Reis.

Der Tip

Vor dem Mixen des Hechtfleisches müssen alle Zutaten gut gekühlt werden, damit eine Bindung mit der Sahne entstehen kann.

Écrevisses à la nage

Krebse aus dem Sud

Sie benötigen für 4 Personen:

100 g Staudensellerie
150 g Karotten
100 g Lauch
120 g Fenchel
3 Zwiebeln
50 g Butter
1 Gewürznelke
1 Lorbeerblatt
1 Knoblauchzehe
1½ Tassen trockenen Weißwein
1,5 l klaren Fischfond
(siehe Rezept S. 29)
2 TL Salz
schwarzen Pfeffer aus der Mühle
1 Prise Muskat
1 Prise Cayennepfeffer
1 Bund Dill
2 kg Krebse

So wird's gemacht:

1. Die Gemüse putzen, waschen und in Scheiben schneiden. Die Butter in einem großen Topf erhitzen und die Gemüse darin anschwitzen.
2. Die Gewürznelke, das Lorbeerblatt und den in Scheiben geschnittenen Knoblauch dazugeben, mit Weißwein und dem Fischfond auffüllen. Mit Salz, Pfeffer, Muskat und Cayennepfeffer würzen und 15 Minuten kochen lassen.
3. Den geschnittenen Dill und die Krebse in den Topf geben, alles zusammen kurz aufkochen lassen, den Topf vom Feuer nehmen, Krebse 10 Minuten ziehen lassen. Dazu paßt frisches Baguette.

Der Tip

So ißt man Krebse:

1. *Die Scheren abbrechen.*
2. *Den Schwanz herausziehen.*
3. *Den Körper aussaugen.*
4. *Die Scheren und den Schwanz mit Hilfe einer Zange aufbrechen und das Fleisch herausnehmen.*

Scampi »Saint-Tropez«

Scampi »Saint-Tropez«

Sie benötigen für 4 Personen:

24 geschälte Scampi
½ TL Salz
schwarzen Pfeffer aus der Mühle
4 EL Butter
2 EL Pernod
2 EL gehackte Schalotten
200 g Fenchel
1 ½ Tassen klaren Fischfond
(siehe Rezept S. 29)
20 Safranfäden oder
1 Prise Safranpulver
200 g Crème fraîche
1 Tomate
1 EL gehacktes
Fenchelkraut
1 Prise Cayennepfeffer

So wird's gemacht:

1. Die Scampi leicht mit Salz und Pfeffer würzen. In einem flachen Topf die Butter zergehen lassen, die Scampi darin kurz anbraten und mit Pernod flambieren. Die Scampi nun herausnehmen.
2. Die Schalotten und den in Streifen geschnittenen Fenchel in dem Topf kurz anschwitzen. Den Fischfond und den Safran beigeben und zur Hälfte einkochen. Die Crème fraîche zufügen und nochmals 5 Minuten kochen lassen.
3. Die enthäuteten und entkernten Tomaten in Würfel schneiden, mit dem Fenchelkraut und den Scampi zur Sauce geben und nochmals erwärmen. Mit Salz, Pfeffer und Cayennepfeffer abschmecken. Dazu paßt gekochter Reis.

Der Tip

Die Scampi dürfen nicht zu lange erhitzt werden, sie sollen innen glasig bleiben.

Moules aux herbes

Muscheln mit Kräutern

Sie benötigen für 4 Personen:

2 kg Miesmuscheln
100 g Lauch
100 g Sellerie
100 g Karotten
4 EL Olivenöl
2 EL gehackte Schalotten
1 Knoblauchzehe
1 1/2 Tassen trockenen Weißwein
4 EL gehackte Kräuter (Kerbel, Petersilie, Basilikum, Dill und Estragon)
200 g Crème fraîche
1/4 TL Salz
schwarzen Pfeffer aus der Mühle

So wird's gemacht:

1. Die Miesmuscheln waschen und den Bart herausziehen. Offene Muscheln wegwerfen.

2. Die Gemüse putzen, waschen und in kleine Würfel schneiden. Das Olivenöl in einem großen Topf erhitzen, die Schalotten, die Gemüse und den gehackten Knoblauch darin anschwitzen. Die Miesmuscheln dazugeben und mit dem Weißwein ablöschen.
3. Abgedeckt kochen lassen, bis die Muscheln geöffnet sind. Die Muscheln herausnehmen, auf 4 Teller oder in eine große Schüssel geben, die ungeöffneten Muscheln wegwerfen.
4. Den Fond mit den Kräutern und der Crème fraîche verrühren, abschmecken und über die Muscheln gießen. Dazu paßt frisches Baguette.

Der Tip

Die nach dem Kochen noch ungeöffneten Muscheln dürfen auf keinen Fall gewaltsam geöffnet und gegessen werden. Diese Muscheln waren nicht mehr frisch.

Geflügel

Es war Heinrich IV. von Navarra, der im 16. Jahrhundert all seinen Untertanen »jeden Sonntag ein Huhn im Topf« wünschte. Der König sprach dies, nachdem ihm zum ersten Mal »Huhn im Topf« serviert wurde.
Noch heute züchten die Franzosen mit großer Sorgfalt Hühner, Enten und Gänse. Das zarte und geschmackvolle Geflügel sorgt in jedem Haushalt für eine willkommene Abwechslung in dem Speiseplan. Gleich für welche Zubereitungsart man sich entscheidet – das französische Geflügel ist immer eine Delikatesse.

Canard à l'orange

Ente mit Orangen

Sie benötigen für 4 Personen:

1 Ente, etwa 1,8 kg
1 TL Salz
schwarzen Pfeffer aus der Mühle
3 EL Olivenöl
Entenhals, Magen, Flügel
3 Zwiebeln
50 g Karotten
50 g Lauch
50 g Sellerie
1 Strauß Thymian
1 1/2 Tassen Rotwein
2 Tassen hellen Geflügelfond
(siehe Rezept S. 29)
3 unbehandelte Orangen
1 EL Orangenlikör
1 EL Zucker
2 EL Butter

So wird's gemacht:

1. Die Ente innen und außen salzen und pfeffern.
2. Das Olivenöl in einer Pfanne erhitzen und die Ente auf allen Seiten kurz darin anbraten. Den klein geschnittenen Hals, den Magen und die Flügel dazugeben und im Ofen 40 Minuten bei 200 °C braten.
3. Die Gemüse putzen, waschen und klein schneiden und mit dem Thymian zur Ente geben. Nochmals 40 Minuten im Ofen braten; die Gemüse zwischendurch wenden.
4. Die Ente herausnehmen und warm stellen. Die Pfanne aufs Feuer stellen, das Fett abschöpfen, und den Bratensatz mit Rotwein ablöschen, den Geflügelfond dazugeben und zur Hälfte einkochen.
5. Von den gewaschenen Orangen mit einem Juliennereißer das Gelbe abschälen, im heißen Wasser kurz aufkochen lassen und absieben. Eine Orange schälen, in Scheiben schneiden und auf die Ente legen.
6. Den Saft von 2 Orangen und den Orangenlikör zur Sauce geben und nochmals etwas einkochen.
7. Die Orangenjulienne mit dem Zucker und der Butter in einem kleinen Topf karamelisieren. Die Sauce durch ein Sieb zu der Orangenjulienne passieren und abschmecken. Dazu servieren Sie gedünsteten Rosenkohl und einen Kartoffelgratin (siehe Rezept S. 131).

Der Tip

In den Wintermonaten sollten Sie Blutorangen verwenden. Sie geben dem Gericht eine besondere Note.

Poularde de maïs au romarin

Maispoularde mit Rosmarin

Sie benötigen für 4 Personen:

1 Maispoularde (1,6 kg)
½ TL Salz
schwarzen Pfeffer aus der Mühle
4 Zweige Rosmarin
4 EL Olivenöl
3 Zwiebeln
100 g Karotten
100 g Lauch
100 g Sellerie
1 EL Tomatenmark
1 Knoblauchzehe
200 g Maiskörner
1 ½ Tassen trockenen Weißwein
2 Tassen hellen Geflügelfond (siehe Rezept S. 29)

So wird's gemacht:

1. Die Poularde innen und außen mit Salz und Pfeffer würzen und die Hälfte des Rosmarins in die Poularde geben.
2. In einer Pfanne das Olivenöl erhitzen und die Poularde zuerst auf der Brustseite anbraten und dann auf den Rücken legen. 40 Minuten bei 200 °C im Ofen braten.
3. Die Gemüse putzen, waschen und in 1 cm große Würfel schneiden und mit dem Tomatenmark, dem gehackten Knoblauch und dem restlichen Rosmarin zur Poularde geben. Die Poularde weitere 30 Minuten im Ofen braten. Nach 15 Minuten den Mais und den Weißwein hinzufügen.
4. Die Poularde aus dem Ofen nehmen und warm stellen. Die Pfanne aufs Feuer stellen und mit dem Geflügelfond aufgießen. Die Sauce 10 Minuten kochen und abschmecken. Dazu passen junge, in Butter geschwenkte Kartoffeln.

Pintade aux pommes

Perlhuhn mit Äpfeln

Sie benötigen für 4 Personen:

2 Perlhühner à 900 g
½ TL Salz
schwarzen Pfeffer aus der Mühle
10 Wacholderbeeren
1 Strauß Thymian
4 EL Olivenöl
3 Zwiebeln
50 g Karotten
50 g Sellerie
50 g Lauch
1 Knoblauchzehe
¾ Tasse Rotwein
1½ Tassen hellen Geflügelfond
(siehe Rezept S. 29)
2 Äpfel
2 EL Butter
200 g Crème fraîche
1 EL Calvados

So wird's gemacht:

1. Die Perlhühner mit Salz und Pfeffer würzen. Die Wacholderbeeren zerdrücken und mit dem Thymian in die Perlhühner geben.

2. Das Olivenöl in einer Pfanne erhitzen und die Perlhühner zuerst auf der Brustseite anbraten, dann auf den Rükken legen und 60 Minuten bei 200 °C in den Ofen geben.

3. Zwischendurch die Gemüse putzen,waschen und in Würfel schneiden. Den gehackten Knoblauch und die Gemüse nach der halben Bratzeit zu den Hühnern geben und mitrösten.

4. Nach 60 Minuten die Perlhühner aus dem Ofen nehmen und warm stellen. Thymian und Wacholderbeeren zurück in die Pfanne geben.

5. Die Pfanne nochmals aufs Feuer stellen und die Einlagen rösten. Mit Rotwein und dem Geflügelfond ablöschen und 10 Minuten einkochen lassen.

6. Die Äpfel schälen, entkernen, in Würfel schneiden und mit der Butter sautieren.

7. Die Sauce durch ein Sieb zu den Äpfeln passieren und die Crème fraîche unterrühren. Nochmals 5 Minuten kochen lassen und mit Salz, Pfeffer und Calvados abschmecken.

Dazu servieren Sie gedünsteten Mangold und in Butter gebratene junge Kartoffeln.

Suprêmes de volaille aux piments rouges

Poulardenbrust mit rotem Paprika

Sie benötigen für 4 Personen:

2 rote Paprikaschoten
4 Poulardenbrüste
½ TL Salz
schwarzen Pfeffer aus der Mühle
3 EL Olivenöl
1 EL gehackte Schalotten
½ Tasse trockenen Weißwein
1½ Tassen hellen Geflügelfond (siehe Rezept S. 29)
200 g süße Sahne

So wird's gemacht:

1. Die Paprikaschoten waschen, putzen, entkernen und vierteln. Die Poulardenbrüste mit Salz und Pfeffer würzen.
2. In einer Pfanne das Olivenöl erhitzen und die Poulardenbrüste darin anbraten. Die Paprikaschoten zu dem Fleisch geben und für 15 Minuten bei 200 °C im Ofen schmoren.
3. Die Poulardenbrüste aus der Pfanne nehmen und warm stellen. Das Paprikagemüse fein mixen.
4. Die Schalotten in einer Pfanne mit etwas Olivenöl anschwitzen. Mit dem Weißwein und dem Geflügelfond auffüllen und zur Hälfte einkochen.
5. Die Sahne und den pürierten Paprika dazugeben, und die Sauce nochmals 10 Minuten kochen lassen, anschließend durch ein Sieb passieren und mit Salz und Pfeffer leicht abschmecken.
Dazu passen grüne Nudeln und Blumenkohl.

Magret de canard aux pruneaux

Entenbrust mit Backpflaumen

Sie benötigen für 4 Personen:

- 150 g entkernte Backpflaumen
- 2 Tassen Rotwein
- 4 Entenbrüste à 200 g
- ½ TL Salz
- schwarzen Pfeffer aus der Mühle
- 3 EL Olivenöl
- 1 EL gehackte Schalotten
- 2 Tassen Bratensaft
- 2 EL Butter

So wird's gemacht:

1. Die Backpflaumen in dem Rotwein aufkochen und beiseite stellen.
2. Die Entenbrüste mit Salz und Pfeffer würzen.
3. Das Olivenöl in einer Pfanne erhitzen. Die Entenbrüste zuerst auf der Brustseite knusprig braten, wenden und im Ofen 10 Minuten bei 200 °C fertig braten. Die Brüste aus der Pfanne nehmen und warm stellen.
4. Die Schalotten mit etwas Olivenöl in die Pfanne geben, anschwitzen und mit dem Rotwein der Backpflaumen ablöschen und einkochen. Den Bratensaft und die Backpflaumen dazugeben und 10 Minuten kochen lassen. Vom Feuer nehmen und die Butter unter die Sauce rühren.
5. Die Entenbrust in Scheiben schneiden, die Sauce extra servieren.
   Dazu reichen Sie Kartoffeln »Savoyardischer Art« (siehe Rezept S. 130) und Erbsen.

Der Tip

Die Brust sollte rosa gebraten serviert werden. Daher muß sie, wenn Sie sie aus dem Ofen nehmen, noch etwas blutig sein. Sie zieht während des Warmstellens noch etwas durch.

Cailles aux cerises

Wachteln mit Kirschen

Sie benötigen für 4 Personen:

8 Wachteln à 150 g
½ TL Salz
schwarzen Pfeffer aus der Mühle
2 Zweige Rosmarin
2 Zwiebeln
50 g Karotten
50 g Sellerie
50 g Lauch
4 TL Olivenöl
½ EL Tomatenmark
1½ Tassen Rotwein
2½ Tassen hellen Geflügelfond (siehe Rezept S. 29)
200 g entsteinte Kirschen
3 EL Butter
1 EL Kirschwasser

So wird's gemacht:

1. Die Wachteln mit Salz und Pfeffer würzen; den Rosmarin in 8 Teile schneiden und in die Wachteln stecken. Die Gemüse putzen, waschen und in Würfel schneiden.
2. In einer Pfanne das Olivenöl erhitzen und die Wachteln und das Gemüse darin anbraten. Die Pfanne für 15 Minuten bei 220 °C in den Ofen geben. Anschließend die Wachteln aus der Pfanne nehmen und warm stellen.
3. Das Gemüse mit dem Tomatenmark rösten bis es braun ist, mit Rotwein ablöschen, mit dem Geflügelfond auffüllen und zur Hälfte einkochen.
4. Die Sauce durch ein Sieb passieren, die Kirschen beigeben und kurz aufkochen lassen. Die Sauce vom Feuer nehmen, und die Butter und das Kirschwasser unterrühren. Die Wachteln und die Sauce getrennt servieren.
Dazu passen gut Kartoffelcroquetten und geschmorter Wirsing.

Confit de canard aux chanterelles

Eingemachte Entenkeulen mit Pfifferlingen

Sie benötigen für 4 Personen:

4 Entenkeulen à 300 g
1 TL Salz
schwarzen Pfeffer aus der Mühle
50 g Karotten
50 g Lauch
2 Zwiebeln
50 g Sellerie
1,5 kg Enten- oder Schweineschmalz
1 Zweig Salbei
2 Zweige Rosmarin
1 Strauß Thymian
2 Knoblauchzehen

Außerdem:

600 g Pfifferlinge
2 EL gehackte Schalotten
1 Knoblauchzehe
1 EL Schmalz
½ TL Salz
schwarzen Pfeffer aus der Mühle
2 EL gehackte Petersilie

So wird's gemacht:

1. Die Entenkeulen mit Salz und Pfeffer würzen; 12 Stunden kühl stellen.
2. Die Gemüse putzen, waschen und in Würfel schneiden.
3. Das Enten- oder Schweineschmalz in einem Topf auf 100 °C erhitzen. Die Entenkeulen und alle Zutaten in das Schmalz legen und etwa 40 Minuten auf schwachem Feuer ziehen lassen. Vom Feuer nehmen und kalt stellen.
4. Die Keulen können Sie im Fett kühl aufbewahren und bei Bedarf im Ofen bei 200 °C 30 Minuten knusprig braten.
5. Die Pfifferlinge putzen und waschen. Das Schmalz in einem Topf erhitzen und die Schalotten und den gehackten Knoblauch darin anschwitzen.
6. Die Pfifferlinge beigeben, mit Salz und Pfeffer würzen und 10 Minuten dünsten, zum Schluß die Petersilie dazugeben. Die Pilze mit den Entenkeulen (kalt oder knusprig gebraten) servieren.
Dazu schmecken in Schmalz gebratene Kartoffeln.

Der Tip

Die eingemachten Entenkeulen können Sie im Kühlschrank einige Tage aufbewahren, bei Bedarf braten oder kalt essen. Sie können die Keulen in einem Einmachglas für längere Zeit haltbar machen; hierfür beachten Sie die doppelte Garzeit.

Faisan Grande mère

Fasan »Großmutter Art«

Sie benötigen für 4 Personen:

2 Fasane à 1 kg
½ TL Salz
schwarzen Pfeffer aus der Mühle
4 EL Olivenöl
300 g Karotten
300 g Champignons
150 g geräucherten Speck
2 EL gehackte Schalotten
2–3 EL Madeira
1 EL Cognac
1½ Tassen Bratensaft
10 Wacholderbeeren
300 g Blätterteig
1 Tasse Mehl
2 Eigelb
2 EL gehackte Petersilie

So wird's gemacht:

1. Die Fasane mit Salz und Pfeffer würzen.
2. Das Olivenöl in einer Pfanne erhitzen und die Fasane auf den Brustseiten anbraten, danach auf den Rücken legen. Für 30 Minuten bei 200 °C in den Ofen geben.
3. Die Karotten in Stifte schneiden, die Champignons vierteln und den Speck in Streifen schneiden.
4. Die Fasane in eine Backterrine legen.
5. Die Speckstreifen in der Pfanne rösten, die Schalotten, Champignons, Karotten und Petersilie dazugeben, glacieren und zu den Fasanen geben.
6. Den Madeira, den Cognac und Bratensaft mit den zerdrückten Wacholderbeeren zur Hälfte einkochen und ebenfalls zu den Fasanen gießen, gut auskühlen lassen.
7. Den Blätterteig mit etwas Mehl ausrollen, so daß er 3 cm über den Rand der Terrine hängt. Den Terrinenrand mit etwas Eigelb bestreichen, den Blätterteig darüber legen und am Rand andrücken.

8. Den Blätterteig mit dem restlichen Eigelb bestreichen und 15 Minuten ruhen lassen. Bei 200 °C im Ofen für 40 Minuten ausbacken.
Dazu passen in Butter geschwenkte junge Kartoffeln.

Der Tip

Die Fasane können Sie mittags vorbereiten, so daß Sie abends die Terrine nur noch in den Ofen schieben müssen. So haben Sie mehr Zeit für Ihre Gäste.

Fleisch und Wild

Für die Zubereitung von Fleisch und Wild hatten die Franzosen schon immer ein besonderes Faible. Die folgenden Gerichte, die zum Teil aus alt überlieferten Rezepten herrühren, sind hierfür ein Beweis. Die unterschiedlichen Zubereitungsarten von Rind, Kalb, Schwein, Lamm, Kaninchen und Wild zeugen von der Phantasie der französischen Küche und bieten dem Gourmet immer neue Köstlichkeiten.

Cassoulet

Weißer Bohneneintopf mit Lamm

Sie benötigen für 4 Personen:

200 g weiße Bohnenkerne
300 g Bauchspeck
600 g Lammschulterfleisch
1 TL Salz
schwarzen Pfeffer aus der Mühle
4 EL Olivenöl
4 Zwiebeln
2 Knoblauchzehen
2 EL Tomatenmark
1½ Tassen trockenen Weißwein
2 l heller Lammfond
(siehe Rezept S. 29)
1 Lorbeerblatt
1 Strauß Thymian
3 Stengel Petersilie
1 Zweig Rosmarin
400 g rohe Knoblauchwurst
(oder grobe, rohe Teewurst)
1 Prise Muskat
2 EL gehackte Petersilie
50 g fein geriebenes Weißbrot

So wird's gemacht:

1. Die Bohnen 6 Stunden in kaltem Wasser einweichen.
2. Den Speck und das Lammfleisch mit Salz und Pfeffer würzen. In einem großen Topf das Olivenöl erhitzen und Speck und Lammfleisch darin anbraten und herausnehmen. Zwiebeln und Knoblauch hacken und in dem Topf anschwitzen. Das Tomatenmark und die Bohnen (ohne Wasser) dazugeben, mit Weißwein und dem Lammfond ablöschen.
3. Die Kräuter zusammenbinden und mit dem Speck und dem Lammfleisch in den Topf geben und auf schwachem Feuer 45 Minuten kochen lassen. Die Wurst hinzufügen und nochmals 20 Minuten kochen lassen.
4. Das Fleisch, den Speck und die Wurst herausnehmen und in Scheiben schneiden. Das Kräuterbündel wegwerfen. Den Eintopf mit Salz, Pfeffer und Muskat abschmecken.
5. Das Lammfleisch, den Speck, die Wurst und die Bohnen schichtweise in einen feuerfesten Topf geben. Mit der Petersilie und dem Weißbrot bestreuen und im Ofen 15 Minuten überbacken, bis die Brotkrümel braun sind. Dazu schmeckt frisches Baguette.

Der Tip

Dieses Gericht können Sie auch mit Schweinefleisch, Rindfleisch, Ente oder Gans zubereiten. Das Geflügel müssen Sie in diesem Fall in Stücke teilen.

Crépinette de porc au basilic

Schweinefilet im Netz mit Basilikum

Sie benötigen für 4 Personen:

250 g Schweinehack
1 EL gehackte Schalotten
1 Ei
1 Bund Basilikum
3 EL süße Sahne
½ TL Salz
schwarzen Pfeffer aus der Mühle
200 g Schweinenetz
600 g Schweinefilet
3 EL Olivenöl

Außerdem:

400 g Auberginen
2 EL Butter
2 Zwiebeln
1 Knoblauchzehe
1 EL Tomatenmark
½ Bund Basilikum
¾ Tasse trockenen Weißwein
1½ Tassen heller Kalbsfond
(siehe Rezept S. 29)
½ TL Salz
schwarzen Pfeffer aus der Mühle

So wird's gemacht:

1. Das Hackfleisch mit den Schalotten, dem Ei, dem gehackten Basilikum und der Sahne mischen und mit Salz und Pfeffer würzen.

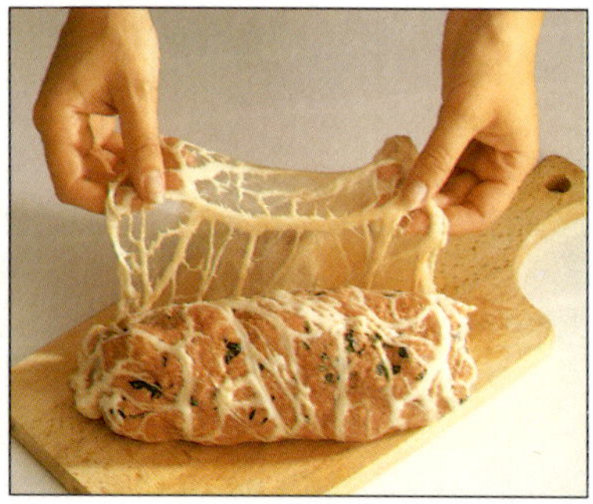

2. Das Schweinenetz auf einem Tisch ausbreiten und die Hälfte der Fleischmasse etwa 1 cm dick darauf ausstreichen. Das Schweinefilet würzen, darauflegen und das restliche Hackfleisch um das Filet streichen und in dem Netz einrollen.

3. Das Olivenöl in einer Pfanne erhitzen und das eingerollte Filet darin anbraten. Anschließend bei 200 °C für 30 Minuten in den Ofen geben. Das Filet herausnehmen und warm stellen.

4. Die Auberginen waschen und in 2 cm große Würfel schneiden, Zwiebeln und Knoblauch hacken. Die Pfanne aufs Feuer stellen und die Butter darin zergehen lassen.

5. Die Zwiebeln und den Knoblauch anschwitzen und die Auberginen beigeben. Das Tomatenmark und das gehackte Basilikum dazugeben und kurz rösten.

6. Mit Weißwein ablöschen und mit Kalbsfond auffüllen. Für 10 Minuten einkochen lassen und mit Salz und Pfeffer abschmecken.

7. Das Schweinefilet im Netz in Scheiben schneiden, auf eine vorgewärmte Platte legen, das Gemüse darum verteilen.
Dazu passen in Butter gebratene Kartoffelscheiben oder frisches Baguette.

Der Tip

Eine interessante Variation ist es, wenn Sie Schweinefilet braten, in Scheiben schneiden und diese mit einem Gitter aus blanchiertem Lauch garnieren. Dazu passen Pfifferlinge, die leicht in Butter angebraten, mit Crème fraîche abgeschmeckt und mit eingelegten Pfefferkörnern verfeinert werden.
(Siehe Titelfoto)

Côte de porc à la moutarde de pommery

Schweinekoteletts mit Pommerysenf

Sie benötigen für 4 Personen:

4 Koteletts à 200 g
½ TL Salz
schwarzen Pfeffer aus der Mühle
3 EL Olivenöl
2 EL gehackte Schalotten
1 Knoblauchzehe
¾ Tasse Weißwein
1½ Tassen dunklen Kalbsfond (siehe Rezept S. 29)
250 g Crème fraîche
2 EL Pommerysenf
1 Prise Muskat

So wird's gemacht:

1. Die Koteletts mit Salz und Pfeffer würzen.

2. Das Olivenöl in einer Pfanne erhitzen und die Koteletts darin beidseitig kurz braun braten. Die Schalotten und den gehackten Knoblauch in die Pfanne dazugeben, anschwitzen und im Ofen bei 200 °C 20 Minuten braten. Nach 10 Minuten mit dem Weißwein ablöschen. Die Koteletts herausnehmen und warm stellen.

3. Die Pfanne aufs Feuer stellen und mit dem Kalbsfond auffüllen und einkochen lassen. Die Crème fraîche dazugeben und 5 Minuten kochen lassen.

4. Den Senf beigeben, mit Salz, Pfeffer und Muskat abschmecken.

5. Koteletts und Sauce getrennt servieren.
Dazu passen in Butter gebratene Kartoffelwürfel und grüne Bohnen mit Speck.

Rognons de veau au Roquefort et tomate

Kalbsnieren mit Roquefort und Tomaten

Sie benötigen für 4 Personen:

4 Kalbsnieren im Fettmantel
(etwa 900 g)
½ TL Salz
schwarzen Pfeffer aus der Mühle
2 EL Olivenöl
350 g Roquefortkäse
3 EL süße Sahne
2 EL gehackte Schalotten
1 Knoblauchzehe
2 EL Butter
3 Tomaten
¾ Tasse Weißwein
1½ Tassen braunen Kalbsfond
(siehe Rezept S. 29)
1 EL gehackten Estragon

So wird's gemacht:

1. Die Kalbsnieren in 15 mm dicke Scheiben schneiden und mit Salz und Pfeffer würzen.
2. Das Olivenöl in einer Pfanne erhitzen und die Nieren auf beiden Seiten darin braun braten. Die Nieren aus der Pfanne nehmen und auf eine Backplatte geben.
3. Den Roquefort in Scheiben schneiden und über die Nierenscheiben legen. Mit einem Löffel die Sahne leicht darüberträufeln.
4. Die Nieren mit dem Käse im Ofen bei starker Oberhitze etwa 5 Minuten so lange überbacken, bis der Käse leicht braun wird.
5. Die Schalotten und den gehackten Knoblauch mit der Butter in die Pfanne geben und auf schwachem Feuer anschwitzen. Die Tomaten enthäuten, entkernen, achteln, dazugeben, dünsten und mit Weißwein und dem Kalbsfond ablöschen.
6. Die Sauce so lange kochen lassen, bis sie die gewünschte Konsistenz erreicht hat. Den gehackten Estragon dazugeben und mit Salz und Pfeffer abschmecken.
7. Die Sauce zu den überbackenen Nierenscheiben auf die Platte gießen.
Dazu reichen Sie in Butter gedünstete grüne Bohnenkerne und gekochte Nudeln.

Foie de veau à la Bordelaise

Kalbsleber »Bordeauxer Art«

Sie benötigen für 4 Personen:

700 g enthäutete und gespickte Kalbsleber, am Stück
1½ Tassen trockenen Weißwein
4 EL Olivenöl
2 EL Butter
3 EL gehackte Schalotten
3 Tomaten
300 g Steinpilze
1½ Tassen Bratensaft
½ TL Salz
schwarzen Pfeffer aus der Mühle
1 EL gehackte Petersilie

So wird's gemacht:

1. Die Kalbsleber in dem Weißwein eine Stunde marinieren, anschließend herausnehmen und trocken tupfen.
2. Das Olivenöl in einer Schmorpfanne erhitzen und die Kalbsleber auf allen Seiten anbraten. Die Kalbsleber herausnehmen, die Butter in die Pfanne geben und die Schalotten anschwitzen.
3. Die enthäuteten und entkernten Tomaten achteln, mit den geputzten Steinpilzen zu den Schalotten geben und kurz dünsten. Mit Weißwein ablöschen und den Bratensaft beigeben. Mit Salz und Pfeffer würzen.
4. Die Leber in die Sauce legen und im Ofen bei 200 °C 20 Minuten schmoren. Die Leber herausnehmen und anschließend warm stellen.
5. Die Sauce 5 Minuten einkochen lassen und mild abschmecken.
6. Die Leber gegen den Speckverlauf aufschneiden, auf eine Platte legen, die Sauce angießen und mit Petersilie bestreuen.
   Dazu passen gut in Butter gedünstete grüne Bohnenkerne und Bratkartoffeln.

Boeuf à la mode

Burgunder-schmorbraten

Sie benötigen für 4 Personen:

1 kg gespickten Rinderbraten
1 TL Salz
schwarzen Pfeffer aus der Mühle
5 EL Olivenöl
500 g klein gehackte Kalbsknochen
1 Kalbs- oder Schweinsfuß
4 Zwiebeln
50 g Karotten
50 g Lauch
50 g Staudensellerie
2 EL Tomatenmark
2 Knoblauchzehen
1 Strauß Thymian
1 Zweig Rosmarin
3 Tassen Burgunderwein
0,5 l Brühe

Außerdem:

150 g Perlzwiebeln
150 g Karotten
150 g Navetten (weiße Rüben)
150 g Staudensellerie
4 EL Butter
½ TL Salz
schwarzen Pfeffer aus der Mühle
1 Prise Muskat
2 EL gehackte Petersilie

So wird's gemacht:

1. Den Rinderbraten mit Salz und Pfeffer würzen.
2. Das Olivenöl in einer Schmorpfanne erhitzen und den Rinderbraten darin braun anbraten und herausnehmen. Die Kalbsknochen und den Kalbs- oder Schweinsfuß in die Pfanne geben und hellbraun rösten.
3. Zwiebeln, Karotten, Lauch und Staudensellerie putzen, waschen und in Würfel schneiden, zu den Knochen geben und ebenfalls braun rösten. Das Tomatenmark, den gehackten Knoblauch und die Kräuter untermischen und kurz mitrösten.
4. Mit Burgunderwein ablöschen und einkochen lassen, mit Brühe auffüllen und aufkochen.
5. Den Braten beigeben und abgedeckt im Ofen für 2 Stunden bei 180 °C schmoren lassen. Den Braten herausnehmen, aufschneiden und warm stellen.
6. Dem Fuß die Schwarte abziehen und in Streifen schneiden.
7. Die Perlzwiebeln, die Karotten und die Navetten schälen und zusammen mit dem Staudensellerie in 4 cm lange und 1 cm breite Stifte schneiden.
8. Die Butter in einen Topf geben, die Perlzwiebeln darin kurz anschwitzen und die anderen Gemüse beigeben.
9. Die Bratensauce durch ein Sieb zu den Gemüsen passieren und die Schwartenstreifen untermischen. Nochmals 15 Minuten kochen lassen und mit Salz, Pfeffer und Muskat abschmecken.
10. Die Sauce über das Fleisch geben und mit Petersilie bestreuen.
    Dazu servieren Sie Ofenkartoffeln mit Sauerrahm.

Entrecôte aux échalottes

Zwischenrippenstück mit Schalotten

Sie benötigen für 4 Personen:

4 Entrecôtes à 180 g
1 TL Salz
schwarzen Pfeffer aus der Mühle
3 EL Olivenöl
2 EL Butter
200 g gehackte Schalotten
1½ Tassen Rotwein
250 g Crème fraîche
1 EL geschnittenen Schnittlauch

So wird's gemacht:

1. Die Entrecôtes mit Salz und Pfeffer würzen.
2. Das Olivenöl in einer Pfanne erhitzen und die Entrecôtes darin 5 Minuten auf jeder Seite braten. Das Fleisch herausnehmen und warm stellen.
3. Die Pfanne wieder aufs Feuer geben, die Butter zergehen lassen und die Schalotten darin anschwitzen, den Rotwein zugießen und einkochen lassen.
4. Die Crème fraîche unterrühren und nochmals 3 Minuten kochen lassen. Mit Salz und Pfeffer abschmecken und den Schnittlauch beigeben. Die Sauce über die Entrecôtes gießen.
   Dazu passen in Butter geschwenkte Zucchinischeiben und gebratene Kartoffeln.

Queue de boeuf à la bourgeoise

Ochsenschwanz-ragout »Bürgerliche Art«

Sie benötigen für 4 Personen:

1,2 kg zerteilten Ochsenschwanz
1 TL Salz
schwarzen Pfeffer aus der Mühle
6 EL Olivenöl
3 Zwiebeln
50 g Karotten
50 g Sellerie
50 g Lauch
2 EL Tomatenmark
1 Zweig Rosmarin
½ Strauß Thymian
150 g Speckschwarte
1 Knoblauchzehe
2 Tassen Rotwein
¾ l Brühe (frisch oder Trockenprodukt)

Außerdem:

150 g Speckstreifen
300 g frische Perlzwiebeln
300 g Karottenstifte
2 EL gehackte Petersilie

So wird's gemacht:

1. Den Ochsenschwanz mit Salz und Pfeffer würzen.
2. In einer Schmorpfanne das Olivenöl erhitzen und das Fleisch darin anbraten. Die Zwiebeln, die Karotten, den Sellerie und den Lauch putzen, waschen und in grobe Würfel beziehungsweise Ringe schneiden. Zum Fleisch geben und braun rösten.
3. Das Tomatenmark, die Kräuter, die Schwarte und den gehackten Knoblauch beigeben, nochmals 5 Minuten rösten, mit dem Rotwein ablöschen und zur Hälfte einkochen lassen.
4. Die Brühe dazugießen, aufkochen lassen und die Schmorpfanne abgedeckt bei 180 °C für 3–3½ Stunden in den Ofen geben. Sobald sich das Fleisch vom Knochen lösen läßt, den Ochsenschwanz herausnehmen und warm stellen.
5. Den Speck in einem Topf anbraten. Die geschälten Perlzwiebeln und die Karottenstifte dazugeben. Die Bratensauce in den Topf zum Speckgemüse passieren und 15 Minuten kochen lassen.
6. Nochmals mit Salz und Pfeffer abschmecken und über das Ochsenschwanzragout geben; mit Petersilie bestreuen.
Dazu reichen Sie kleine gebratene Kartoffeln.

Navarin d'agneau à la printanière

Lammragout »Frühlingsart«

Sie benötigen für 4 Personen:

900 g Lammschulter ohne Knochen
1 TL Salz
1/4 TL Zucker
schwarzen Pfeffer aus der Mühle
5 EL Olivenöl
3 Zwiebeln
50 g Karotten
50 g Lauch
50 g Sellerie
2 Knoblauchzehen
1/2 Strauß Thymian
1 Zweig Rosmarin
2 EL Tomatenmark
2 EL Mehl
2 Tassen Rotwein
0,5 l Brühe (frisch oder Trockenprodukt)

Außerdem:

200 g Karotten
200 g Navetten (weiße Rüben)
50 g gehackte Schalotten
3 EL Butter
200 g grüne Bohnen

So wird's gemacht:

1. Die Lammschulter in 50–60 g schwere Stücke schneiden und mit Salz, Zucker und Pfeffer würzen.
2. In einer Schmorpfanne das Olivenöl erhitzen und das Fleisch darin leicht anbraten.
3. Die Zwiebeln, die Karotten, den Lauch und den Sellerie putzen, waschen und in grobe Würfel schneiden, zum Fleisch geben und ebenfalls braten, bis alles braun ist. Den gehackten Knoblauch, die Kräuter und das Tomatenmark dazugeben und 5 Minuten mitrösten.
4. Mit Mehl bestäuben, anbräunen und mit dem Rotwein ablöschen. Die Brühe dazugießen, aufkochen lassen und zugedeckt bei 200 °C für 90 Minuten in den Ofen geben.
5. Die Karotten und weißen Rüben putzen, waschen und in 1 cm dicke und 4 cm lange Stifte schneiden. In einem Topf die Butter erhitzen, die Schalotten darin anschwitzen, die Karotten und Rüben dazugeben und kurz dünsten. Die Bohnen in gleichgroße Stücke schneiden und in den Topf geben.
6. Das Fleisch aus der Schmorpfanne nehmen und zu den Gemüsen geben. Die Bratensauce durch ein Sieb zu dem Fleisch passieren, abschmekken, und nochmals 5 Minuten kochen lassen.
Dazu schmecken in Butter geschwenkte Nudeln.

Carré d'agneau »Diable«

Lammkarree »Teufelsart«

Sie benötigen für 4 Personen:

2 Lammkarrees à 500 g
1 TL Salz
schwarzen Pfeffer aus der Mühle
3 EL Olivenöl
1 EL scharfen Senf
1 Knoblauchzehe
1 EL getrockneten Thymian
1 Tasse geriebenes Weißbrot

Außerdem:

2 EL Butter
2 EL gehackte Schalotten
1 EL Tomatenmark
3/4 Tasse Rotwein
1 1/2 Tassen Bratensaft
1 TL scharfen Senf
2 EL Butter

So wird's gemacht:

1. Die Lammkarrees mit Salz und Pfeffer würzen.
2. Das Olivenöl in der Pfanne erhitzen und die Lammkarrees darin 5 Minuten auf allen Seiten anbraten. Das Fleisch auf der Oberseite mit Senf einstreichen.
3. Die gehackte Knoblauchzehe, den Thymian und das Weißbrot mischen und über die Lammkarrees geben, wenig Wasser angießen und die Pfanne bei 200 °C für etwa 20 Minuten in den Ofen stellen. Dann das Fleisch herausnehmen und warm stellen.
4. Den Bratensaft abgießen und die Pfanne wieder aufs Feuer geben. Die Schalotten in der Butter anschwitzen, das Tomatenmark beigeben, leicht rösten und mit dem Rotwein ablöschen. Den Bratensaft beifügen und 5 Minuten kochen lassen. Die Sauce vom Feuer nehmen und mit dem Senf und der Butter aufmontieren.
5. Die Sauce über die Lammkarrees gießen. Dazu passen grüne Bohnen und Kartoffelgratin (siehe Rezept S. 131).

Gigot d'agneau »Boulangère«

Lammkeule »Bäckerart«

Sie benötigen für 4 Personen:

1,3 kg Lammkeule
1 TL Salz
schwarzen Pfeffer aus der Mühle
2 Knoblauchzehen
4 EL Olivenöl
4 Zwiebeln, in Scheiben
600 g Kartoffeln
3/4 Tasse Rotwein
2 Zweige Rosmarin
1/4 l Brühe (frisch oder Trockenprodukt)
1 Prise Muskat

So wird's gemacht:

1. Die Lammkeule mit Salz und Pfeffer würzen und mit dem gehackten Knoblauch einreiben.
2. Das Olivenöl in einer Pfanne erhitzen, und die Lammkeule darin auf allen Seiten anbraten. Die Pfanne bei 200 °C für 30 Minuten in den Ofen geben. Die Lammkeule herausnehmen.
3. Die Zwiebelscheiben in die Pfanne geben und 5 Minuten dünsten. Die Kartoffeln schälen und in 5 mm dicke Scheiben schneiden, zu den Zwiebeln geben und mit dem Rotwein ablöschen. Den Rosmarin und die Brühe beigeben und mit Muskat, Salz und Pfeffer würzen.
4. Die Lammkeule auf die Kartoffeln legen und für 45 Minuten in den Ofen geben und offen schmoren lassen.
5. Die Lammkeule herausnehmen, die saftigen Kartoffeln auf einer Platte anordnen, das Fleisch aufschneiden und auf die Kartoffeln legen.

Dazu schmeckt Ratatouille (siehe Rezept S. 133).

Cuisses de lapin safranées

Kaninchenkeulen in Safransauce

Sie benötigen für 4 Personen:

4 Kaninchenkeulen à 220 g
1/2 TL Salz
schwarzen Pfeffer aus der Mühle
3 EL Olivenöl
4 EL gehackte Schalotten
1 Knoblauchzehe
3/4 Tasse trockenen Weißwein
30 Safranfäden
400 g Zucchini
1 1/2 Tassen hellen Kalbsfond (siehe Rezept S. 29)
200 g Crème fraîche

So wird's gemacht:

1. Die Kaninchenkeulen mit Salz und Pfeffer würzen.
2. Das Olivenöl in einer Pfanne erhitzen, die Keulen auf allen Seiten darin anbraten und herausnehmen. Die Schalotten und den gehackten Knoblauch anschwitzen, mit Weißwein ablöschen und nun den Safran beigeben.
3. Die Keulen wieder in die Pfanne geben und im Ofen bei 200 °C 30 Minuten schmoren. Die Keulen herausnehmen und warm stellen.
4. Die Zucchini in Scheiben schneiden, dazugeben und mit dem Kalbsfond auffüllen. Die Flüssigkeit 10 Minuten einkochen, Crème fraîche beifügen und nochmals 5 Minuten kochen, mit Salz und Pfeffer würzen.
5. Die Kaninchenkeulen mit der Sauce überziehen. Dazu passen in Butter geschwenkte Tomatennudeln.

Ballotine de chevreuil aux trompettes de la mort

Gefüllte Rehschulter mit Herbsttrompeten

Sie benötigen für 4 Personen:

1,4 kg Rehschulter
200 g Spickspeck
2 EL Butter
2 EL gehackte Schalotten
250 g Herbsttrompeten
2 EL gehackte Petersilie
1 TL Salz
schwarzen Pfeffer aus der Mühle
3 Toastscheiben
200 g Schweinehackfleisch
1 Ei
4 EL süße Sahne
4 EL Olivenöl

Außerdem:

- 4 Zwiebeln
- 50 g Karotten
- 50 g Sellerie
- 50 g Lauch
- 2 EL Tomatenmark
- 1 Zweig Rosmarin
- 10 Wacholderbeeren
- 200 g Speckschwarte
- 2 Tassen Rotwein
- 3 Tassen Brühe (frisch oder Trockenprodukt)
- 3 EL Butter
- 2 EL gehackte Schalotten
- 250 g Herbsttrompeten
- 200 g Crème fraîche
- 2 EL gehackte Petersilie

So wird's gemacht:

1. Die Rehschulter spicken, aufschneiden und den Schulterknochen herausnehmen und klein hacken.
2. In einer Pfanne die Butter schmelzen und die Schalotten anschwitzen. Die geputzten Herbsttrompeten dazugeben, mit Salz und Pfeffer würzen. Kurz anschwitzen und kalt stellen.
3. Die Toastscheiben in Würfel schneiden, im Ofen trocknen lassen und kalt stellen.
4. Das Hackfleisch mit dem Ei und der Sahne verrühren, die Brotwürfel, die Herbsttrompeten und die Petersilie dazugeben, mit Salz und Pfeffer würzen und gut mischen. Für 10 Minuten durchziehen lassen.
5. Die Rehschulter mit Salz und Pfeffer würzen, die Füllung in die Schulter geben und mit einem Bindfaden verschnüren.
6. Das Olivenöl in einer Schmorpfanne erhitzen und das Fleisch auf allen Seiten zusammen mit den Knochen gut anbraten.
7. Die Gemüse putzen, waschen, klein schneiden und in der Pfanne mitrösten, bis sie hellbraun sind. Das Tomatenmark, den Rosmarin, den zerdrückten Wacholder und die Speckschwarte dazugeben und nochmals rösten, bis alles braun ist.
8. Mit dem Rotwein ablöschen, die Brühe beigeben und aufkochen lassen. Zugedeckt bei 200 °C für 2 Stunden in den Ofen geben.
9. In einem Topf die Butter schmelzen und die Schalotten darin anschwitzen. Die geputzten Herbsttrompeten dazugeben und kurz mitdünsten.
10. Die Rehschulter aus dem Ofen nehmen und warm stellen.
11. Die Sauce ohne Knochen durch ein Sieb zu den Herbsttrompeten passieren und 5 Minuten einkochen lassen. Die Crème fraîche unterrühren und mit Salz und Pfeffer abschmecken.
12. Die Rehschulter vom Bindfaden befreien, aufschneiden und die Herbsttrompeten mit der Sauce angießen, mit Petersilie bestreuen.
    Dazu reichen Sie gedünsteten Rosenkohl und gebackene Kartoffelbällchen.

Lièvre à la chasseur

Feldhase »Weidmannsart«

Sie benötigen für 4 Personen:

1 enthäuteten und ausgenommenen Feldhasen (etwa 2 kg)
1 TL Salz
schwarzen Pfeffer aus der Mühle
6 EL Olivenöl
4 Zwiebeln
100 g Karotten
100 g Lauch
100 g Sellerie
250 g durchwachsenen Speck
20 Wacholderbeeren
1 Zweig Rosmarin
½ Strauß Thymian
3 Stengel Petersilie
3 EL Tomatenmark
2 Tassen Rotwein
3 Tassen Brühe (frisch oder Trockenprodukt)

Außerdem:

4 EL Butter
2 EL gehackte Schalotten
500 g Champignons
3 EL gehackte Kräuter (Estragon, Kerbel und Petersilie)
½ TL Salz
schwarzen Pfeffer aus der Mühle

So wird's gemacht:

1. Den Hasen mit Salz und Pfeffer würzen.
2. Das Olivenöl in einer großen Schmorpfanne erhitzen und den Hasen darin auf allen Seiten anbraten.
3. Die Gemüse putzen, waschen und in grobe Würfel schneiden und mit dem Speck in der Pfanne anschwitzen, bis alles hellbraun ist. Die zerdrückten Wacholderbeeren, die Kräuter und das Tomatenmark dazugeben und braun rösten.
4. Mit Rotwein ablöschen, zur Hälfte einkochen lassen, die Brühe beigeben und dann aufkochen lassen.
5. Den Hasen in der Pfanne zugedeckt bei 200 °C für 60 Minuten in den Ofen geben und zwischendurch mit der Sauce öfter begießen.
6. In einem Topf die Butter schmelzen und die Schalotten darin glasig schwitzen.
7. Die Champignons vierteln, zu den Schalotten geben und auf einer starken Flamme 5 Minuten dünsten. Die Champignons herausnehmen und den Fond einkochen.
8. Den Hasen aus dem Ofen nehmen und warm stellen.
9. Die Sauce zur Hälfte einkochen und durch ein Sieb zu dem Champignonfond passieren.
10. Den Speck in kleine Würfel schneiden und mit den Champignons in die Sauce geben. Die Sauce nochmals abschmecken und die Kräuter untermischen.
11. Den Hasen auf eine Platte legen und mit der Sauce begießen.
Dazu servieren Sie gedünsteten Wirsing und in Butter geschwenkte Nudeln.

WILKENS

Beilagen

Aus der Vielfalt der Gemüsearten Frankreichs lassen sich hervorragende Gerichte kreieren, die sich als fleischlose Hauptgerichte eignen oder die einzelnen Fleisch- und Fischzubereitungen wunderbar ergänzen. Auf den folgenden Seiten werden Sie Beilagenrezepte finden, die Sie phantasievoll variieren können. In der französischen Küche erfahren die Beilagen unterschiedliche Behandlung: Sie werden nicht nur in Salzwasser gegart, wie beispielsweise in Deutschland, Gemüse werden in Frankreich mit frischen Kräutern gewürzt, in Wein gegart, in Sahne gedünstet, mit Speck oder Käse angereichert, gefüllt, umhüllt, gebraten und überbacken.

Pommes savoyarde

Kartoffeln »Savoyardischer Art«

Sie benötigen für 4 Personen:

800 g geschälte Kartoffeln
50 g flüssige Butter
2 EL gehackte Schalotten
Salz, schwarzen Pfeffer
1 Prise Muskat
150 g geriebenen Käse (Emmentaler)
1½ Tassen Brühe (frisch oder Trockenprodukt)

So wird's gemacht:

1. Die Kartoffeln fächerartig in etwa 3 mm dicke Scheiben schneiden; sie dürfen nicht auseinander fallen.

2. Eine Backform mit etwas Butter ausstreichen und mit den Schalotten bestreuen. Die Kartoffelfächer in die Form setzen und andrücken, so daß sie schräg liegen.
3. Mit Salz, Pfeffer und Muskat würzen. Den Käse darüberstreuen und mit der restlichen flüssigen Butter beträufeln.
4. Die Brühe angießen und die Backform bei 200 °C für 30 Minuten in den Ofen geben.

Pommes aux Noix

Nußkartoffeln

Sie benötigen für 4 Personen:

700 g geschälte Kartoffeln
Salz
4 Eigelbe
2 EL Mehl
1 EL Butter
150 g grob gehackte Nüsse
1 Prise Muskat
schwarzen Pfeffer aus der Mühle
1 EL Butter zum Backen

So wird's gemacht:

1. Die Kartoffeln vierteln, in Salzwasser 20 Minuten kochen. Das Wasser abschütten und die Kartoffeln gut abtropfen lassen.
2. Die Kartoffeln im Ofen bei 200 °C ca. 15 Minuten trocknen lassen, dann durch eine Püreepresse drücken und die Eigelbe und das Mehl unterrühren.
3. Die Butter in einer Pfanne erhitzen, die grob gehackten Nüsse darin hellbraun rösten und zur Kartoffelmasse geben. Alles gut vermischen und mit Muskat, Salz und Pfeffer würzen.
4. Die Masse nun auf einen mit Mehl bestäubten Tisch legen und zu einer 5 cm dicken Rolle formen. Diese anschließend in 2 cm dicke Scheiben schneiden.
5. Die Kartoffelscheiben in der Butter hellbraun backen.

Gratin dauphinois

Kartoffelgratin

Sie benötigen für 4 Personen:

2 EL Butter
1 EL gehackte Schalotten
1 Knoblauchzehe
800 g geschälte Kartoffeln
½ TL Salz
schwarzen Pfeffer aus der Mühle
1 Prise Muskat
200 g süße Sahne
150 g geriebenen Emmentaler

So wird's gemacht:

1. Eine Backform mit Butter ausstreichen und die Schalotten und den gehackten Knoblauch einstreuen.
2. Die Kartoffeln in 3 mm dicke Scheiben schneiden, in die Backform geben und mit Salz, Pfeffer und Muskat würzen.
3. Die Sahne über die Kartoffelscheiben gießen, mit dem Käse abdecken und für 35–40 Minuten bei 200 °C im Ofen backen.

Ratatouille

Ratatouille

Sie benötigen für 4 Personen:

4 Zwiebeln
300 g rote und gelbe Paprikaschoten
300 g Zucchini
300 g Auberginen
4 EL Olivenöl
3 Knoblauchzehen
3 Tomaten
2 EL gehackte Kräuter (Thymian, Basilikum und Estragon)
1 TL Salz
schwarzen Pfeffer aus der Mühle
2 Tassen Brühe (frisch oder Trockenprodukt)

So wird's gemacht:

1. Die geschälten Zwiebeln, die entkernten Paprikaschoten, die gewaschenen Zucchinis und Auberginen in 3 cm große Würfel schneiden.
2. Das Olivenöl in einem flachen Topf erhitzen und die Zwiebeln mit dem gehackten Knoblauch darin glasig anschwitzen.
3. Die Paprikaschoten beigeben und 3 Minuten anschwitzen. Die Zucchini beigeben und ebenfalls 3 Minuten anschwitzen. Die Auberginen dazugeben und nochmals 3 Minuten dünsten. Die enthäuteten und entkernten Tomaten achteln und mit den Kräutern zu dem Gemüse geben, mit Salz und Pfeffer würzen.
4. Mit der Brühe aufgießen und 15 Minuten kochen lassen.

Poireaux braisés au lard

Geschmorter Lauch mit Speck

Sie benötigen für 4 Personen:

700 g Lauch, ohne Grün
16 dünne Speckscheiben
1 EL Butter
2 EL gehackte Schalotten
¾ Tasse Brühe (frisch oder Trockenprodukt)
¼ TL Salz
schwarzen Pfeffer aus der Mühle
1 Prise Muskat

So wird's gemacht:

1. Den Lauch putzen, waschen und in 16 Stücke schneiden. Mit den Speckscheiben umwickeln.
2. Eine Backform mit Butter ausstreichen und die Schalotten einstreuen. Den Lauch in die Backform legen, mit der Brühe aufgießen und mit Salz, Pfeffer und Muskat würzen.
3. Für 30 Minuten bei 200 °C zugedeckt im Ofen schmoren lassen.

Courgettes au thym

Zucchini mit Thymian

Sie benötigen für 4 Personen:

1 EL Butter
2 EL Tomatenmark
2 EL gehackte Schalotten
2 Knoblauchzehen
½ TL Salz
schwarzen Pfeffer aus der Mühle
700 g Zucchini
150 g Crème fraîche
1 EL frische Thymianblättchen

So wird's gemacht:

1. Eine Backform mit Butter ausstreichen und das Tomatenmark dünn darübergeben. Die Schalotten und den gehackten Knoblauch in die Form streuen und mit Salz und Pfeffer würzen.
2. Die Zucchini waschen und in Scheiben schneiden. Schräg in die Backform einsetzen und mit Crème fraîche übergießen, mit Salz und Pfeffer würzen.
3. Die Thymianblättchen darüberstreuen und für etwa 25 Minuten bei 200 °C backen.

Chicorée à la paysanne

Chicorée »Bauernart«

Sie benötigen für 4 Personen:

8 Stauden Chicorée
¼ TL Salz
1 Prise Muskat
schwarzen Pfeffer aus der Mühle
4 Scheiben gekochten Schinken à 40 g
8 Scheiben Emmentaler à 30 g
1 EL Butter
2 EL gehackte Schalotten
¾ Tasse Brühe (frisch oder Trockenprodukt)
4 EL süße Sahne

So wird's gemacht:

1. Den Chicorée waschen, putzen und den Strunk herausschneiden. Mit wenig Salz, Muskat und Pfeffer würzen.
2. Die Schinkenscheiben halbieren und um den Chicorée rollen. Anschließend die Käsescheiben um den Schinken wickeln und den Chicorée in eine gebutterte Backform legen. Die Schalotten dazugeben, mit Brühe angießen und die Sahne darübergeben.
3. Den Chicorée für 30 Minuten im Ofen bei 200 °C offen schmoren lassen.

Tomates à la provençale

Tomaten »Provenzalische Art«

Sie benötigen für 4 Personen:

8 Tomaten
6 Scheiben getrocknetes Toastbrot
4 EL gehackte Kräuter (Thymian, Basilikum, Salbei, Oregano, Kerbel)
2 Knoblauchzehen
4 EL Butter
½ TL Salz
schwarzen Pfeffer aus der Mühle

So wird's gemacht:

1. Die enthäuteten Tomaten halbieren. Die Rinde vom Toastbrot abschneiden und das Toastbrot fein reiben. Die Kräuter und den gehackten Knoblauch mit dem geriebenen Toastbrot vermischen.
2. Die Butter in einem Topf erhitzen, zum geriebenen Toastbrot geben und vermischen.
3. Die Tomaten mit der Schnittseite nach oben auf ein Backblech geben und mit Salz und Pfeffer würzen.
4. Die Kräuter-Brot-Mischung auf die Tomatenhälften verteilen und bei starker Oberhitze 5 Minuten gratinieren.

Champignons farcis

Gefüllte Champignons

Sie benötigen für 4 Personen:

700 g große Champignons
2 EL Butter
2 EL gehackte Schalotten
1 Knoblauchzehe
2 Tomaten
2 Eigelb
100 g süße Sahne
2 EL gehacktes Basilikum und Kerbel
1/4 TL Salz
schwarzen Pfeffer aus der Mühle

Für die Backform:

1 EL Butter

So wird's gemacht:

1. Von den gewaschenen Champignons die Stiele entfernen und diese in kleine Würfel schneiden.
2. Die Butter in einer Pfanne schmelzen und die Schalotten und den gehackten Knoblauch darin anschwitzen. Die Champignonwürfel dazugeben und 5 Minuten auf starkem Feuer so lange dünsten, bis alle Flüssigkeit verdunstet ist.
3. Die enthäuteten und entkernten Tomaten in Würfel schneiden und in die Pfanne geben.
4. Die Eigelbe und die Sahne vermischen, in die Pfanne einrühren und vom Feuer nehmen. Die gehackten Kräuter dazugeben und mit Salz und Pfeffer würzen.
5. Die Champignonköpfe mit dieser Masse füllen und in eine gebutterte Backform geben. 20 Minuten im Ofen bei 200 °C backen.

Haricots à la crème

Grüne Bohnen in Rahm

Sie benötigen für 4 Personen:

700 g grüne Bohnen
1 EL Olivenöl
150 g durchwachsene Speckscheiben
2 EL gehackte Schalotten
½ TL Salz
1 Prise Muskat
schwarzen Pfeffer aus der Mühle
2 TL frische Bohnenkrautblättchen
200 g Crème fraîche

So wird's gemacht:

1. Die Bohnen waschen, putzen und in kochendes Salzwasser geben und aufkochen lassen.
2. Die Bohnen herausnehmen, in kaltes Wasser legen, durch ein Sieb abschütten und abtropfen lassen.
3. In einem Topf das Olivenöl erhitzen und den in Streifen geschnittenen Speck darin anschwitzen. Die Schalotten dazugeben und glasig schwitzen. Dann die Bohnen beifügen. Mit Salz, Muskat und Pfeffer würzen.
4. Das gezupfte Bohnenkraut und die Crème fraîche unterrühren, aufkochen lassen und für 15 Minuten bei 200 °C zugedeckt in den Ofen geben.

Fenouils au vin rouge et moelle

Fenchel in Rotwein und Mark

Sie benötigen für 4 Personen:

1 kg Fenchel
2 EL Olivenöl
5 gehackte Schalotten
2 Tassen Rotwein
¾ Tasse Brühe (frisch oder Trockenprodukt)
½ TL Salz
schwarzen Pfeffer aus der Mühle
50 g Rindermarkwürfel

So wird's gemacht:

1. Den Fenchel putzen, die Stiele abschneiden, das Kraut zupfen und hacken. Den Fenchel halbieren und den Strunk herausschneiden.
2. Das Olivenöl in einem Topf erhitzen und die Schalotten darin anschwitzen. Mit Rotwein ablöschen und mit Brühe auffüllen.
3. Den Fenchel beifügen und mit Salz und Pfeffer würzen. 30 Minuten zugedeckt bei 200 °C im Ofen schmoren.
4. Den Fenchel aus der Pfanne nehmen und warm stellen. Den Fond um die Hälfte einkochen, vom Feuer nehmen, und die Rindermarkwürfel unterrühren.
5. Die Sauce über den Fenchel geben und mit dem gehackten Fenchelkraut bestreuen.

Escalopes d'aubergines aux tomates

Auberginenschnitzel mit Tomatensauce

Sie benötigen für 4 Personen:

- 4 Eier
- 100 g geriebenen Käse
- 700 g Auberginen
- ½ TL Salz
- schwarzen Pfeffer aus der Mühle
- 50 g Mehl
- 4 EL Olivenöl

Für die Tomatensauce:

- 2 EL Olivenöl
- 2 EL gehackte Schalotten
- 4 Tomaten
- 1 EL gehacktes Basilikum
- ¼ TL Salz
- schwarzen Pfeffer aus der Mühle

So wird's gemacht:

1. Die Eier schlagen und mit dem Käse mischen.
2. Die Auberginen waschen, putzen und in 1 cm dicke Scheiben schneiden und mit Salz und Pfeffer würzen.
3. Die Auberginenscheiben in Mehl wenden und durch die Ei-Käse-Mischung ziehen.
4. Das Olivenöl in einer Pfanne erhitzen und die Schnitzel bei mittlerer Hitze 3 Minuten auf beiden Seiten anbraten.
5. Für die Tomatensauce in einer anderen Pfanne das Olivenöl erhitzen und die Schalotten darin glasig schwitzen.
6. Die enthäuteten, entkernten und geschnittenen Tomaten in die Pfanne geben und für 5 Minuten dünsten. Das Basilikum beigeben und mit Salz und Pfeffer würzen.
7. Die gebackenen Auberginenschnitzel auf eine Platte legen und mit der Tomatensauce servieren.

Desserts

Der gelungene Abschluß eines jeden Menüs ist das Dessert. Aus Früchten, die in Frankreich fast das ganze Jahr über gedeihen, lassen sich süße Köstlichkeiten zubereiten, denen niemand widerstehen kann. Die französische Küche bietet erfrischende Eissoufflés, sanften Schaum aus heller und dunkler Schokolade, königliche Torten aus Früchten und Sahne, flambierte Pfannkuchen …

Pêches à la cardinale

Pfirsich »Kardinalsart«

Sie benötigen für 4 Personen:

100 g Zucker
3/4 l Wasser
1/2 Vanilleschote
4 Pfirsiche
200 g Himbeeren
20 g Staubzucker

Außerdem:

100 g süße Sahne
1/2 Vanilleschote
20 g Staubzucker
40 g gehobelte Mandeln
50 g Himbeeren

So wird's gemacht:

1. Den Zucker und das Wasser mit der einen Hälfte der aufgeschnittenen Vanilleschote in einem Topf erhitzen und die Pfirsiche darin 3 Minuten kochen lassen, in kaltem Wasser abschrecken. Die Haut abziehen, die Pfirsiche halbieren und entsteinen.
2. Die Himbeeren mit dem Staubzucker pürieren und durch ein Sieb streichen.
3. Das ausgekratzte Vanillemark der zweiten Schotenhälfte und den Staubzucker zur Sahne geben und steif schlagen.
4. Die Mandeln ohne Fett in einer Pfanne goldgelb rösten.
5. Die Pfirsichhälften auf Dessertteller verteilen, mit dem Himbeerpürée überziehen und mit Sahne, Himbeeren und Mandeln garnieren.

Poire Hélène

Birne Helene

Sie benötigen für 4 Personen:

3/4 l Wasser
100 g Zucker
1/2 Vanilleschote
1 Zitrone
4 Birnen
1/8 l Milch
100 g Blockschokolade
500 g Vanilleeis

So wird's gemacht:

1. Das Wasser mit dem Zucker, dem ausgekratzten Vanillemark und dem Saft einer Zitrone aufkochen.
2. Die Birnen schälen, halbieren, entkernen und in dem Zuckerwasser 10 Minuten bei schwacher Hitze kochen.
3. Die Milch in einem Topf aufkochen, vom Feuer nehmen, die zerkleinerte Blockschokolade dazugeben und zergehen lassen.
4. Das Vanilleeis in Dessertschalen geben. Die warmen Birnenhälften obenauflegen und die warme Schokoladensauce darübergeben.

Soufflé glacé au Grand Marnier

Eisauflauf mit Grand Marnier

Sie benötigen für 4 Personen:

- 5 Eigelb
- 50 g Zucker
- ½ Vanilleschote
- 250 g süße Sahne
- 4 EL Grand Marnier
- 2 EL Kakaopulver

So wird's gemacht:

1. Die Eigelbe mit Zucker und dem ausgekratzten Vanillemark im Wasserbad bei 90 °C schaumig schlagen. Herausnehmen und weiterschlagen, bis die Masse kalt ist.
2. Die Sahne steif schlagen und unter den Eierschaum heben. Anschließend den Grand Marnier unterrühren.
3. Eine Souffléform mit starker Alufolie fest umwickeln; die Alufolie muß um die Hälfte höher gewickelt sein als die Souffléform.

4. Die Eimasse bis zum Rand der Alufolie in die Form füllen und für etwa 6 Stunden in den Gefrierschrank stellen.
5. Vor dem Servieren die Alufolie entfernen und das geeiste Soufflé mit dem Kakao durch ein Sieb bestäuben.

Mousse au chocolat blanc

Weißer Schokoladen-schaum

Sie benötigen für 4 Personen:

200 g weiße Schokolade
2 Eier
1 Blatt Gelatine
250 g süße Sahne
1 EL weißen Rum
1 EL Crème de Cacao

So wird's gemacht:

1. Die zerkleinerte Schokolade in einer Schüssel bei etwa 35 °C erwärmen, bis sie schmilzt.
2. Die Eier in einer Schüssel schaumig schlagen.
3. Das Gelatineblatt für 5 Minuten in kaltem Wasser einweichen lassen.
4. Die flüssige Schokolade zu den schaumigen Eiern geben und das Gelatineblatt beifügen, verrühren und 15 Minuten auskühlen lassen.
5. Die Sahne steif schlagen, den Rum und den Crème de Cacao zur Schokolade geben, die geschlagene Sahne unter die Masse heben und kalt stellen.

Charlotte royal

Königliche Charlotte

Sie benötigen für 4 Personen:

Für die Biskuitroulade:

2 Eier
50 g Staubzucker
je 25 g Mehl und Stärke
1 Prise Salz
50 g Zucker
4 EL Himbeerkonfitüre

Für die Creme:

1½ Tassen Milch
½ Vanilleschote
4 Eigelb
50 g Zucker
4 Blatt Gelatine, eingeweicht
200 g süße Sahne
150 g Himbeeren
2 EL Himbeergeist

So wird's gemacht:

1. Die Eier zusammen mit dem Staubzucker schaumig schlagen. Das Mehl, die Stärke und das Salz unterheben.
2. Ein Blech mit Pergamentpapier auslegen, die Masse 5 mm dick daraufstreichen.
3. Für 10 Minuten bei 220 °C im vorgeheizten Ofen backen.
4. Den Biskuit mit Zucker bestreuen und auf ein neues Papier wenden. Das angebakkene Papier sofort abziehen.
5. Die Himbeerkonfitüre rasch dünn über den Biskuit streichen, fest zusammenrollen und 15 Minuten im Kühlschrank ruhen lassen.
6. Die Milch mit dem Vanillemark in einem Topf aufkochen.
7. Die Eigelbe und den Zucker verrühren und die Vanillemilch dazugießen. Alles zurück in den Topf geben und auf schwachem Feuer abbinden, nicht mehr kochen lassen und durch ein Sieb passieren.
8. Die Gelatine ausdrücken, in die Eier-Milch-Mischung einrühren und kalt stellen.
9. Die Sahne steif schlagen, unterheben. Die Himbeeren und den Himbeergeist unterrühren.
10. Die Biskuitroulade in 8 mm dicke Scheiben schneiden und eine Schüssel damit auslegen. Die Creme auf die Biskuitscheiben geben und kühlen.

Gâteau Saint-Honoré

Saint-Honoré-Torte

Sie benötigen für 4 Personen:

- 1½ Tassen Milch
- 80 g Butter
- 1½ EL Zucker
- ¼ TL Salz
- 1 Prise Muskat
- 150 g Mehl
- 3 Eier
- 100 g Blätterteig

Für die Creme:

- ½ Vanilleschote
- 1½ Tassen Milch
- 60 g Zucker
- 4 Eigelb
- 2 Blatt Gelatine
- 3 Eiweiß
- 100 g süße Sahne

Für den Karamel:

- 100 g Zucker
- ⅛ l Wasser

So wird's gemacht:

1. Die Milch in einem flachen Topf mit der Butter, dem Zucker, dem Salz und dem Muskat aufkochen.
2. Unter ständigem Rühren das Mehl einstreuen und auf dem Feuer für 3 Minuten abrühren, bis das Ganze zu einer dicken Masse (Brandteig) wird und sich vom Boden löst. Vom Feuer nehmen und 10 Minuten auskühlen lassen.
3. Die Eier nacheinander unter die Masse rühren.
4. Den Blätterteig 3 mm dick ausrollen, eine große runde Scheibe ausstechen und auf ein mit Wasser benetztes Backblech legen. Den Teig mehrfach mit einer Gabel einstechen und 15 Minuten ruhen lassen.
5. Den Brandteig in einen Spritzbeutel mit Sterntülle geben und am Rand des Blätterteigs rundum 2 cm dick aufspritzen. Den Rest des Brandteigs zu kleinen runden Windbeuteln spritzen und im Ofen bei 220 °C für 20 Minuten backen.
6. Die Vanille-Schote auskratzen und das Mark mit der Milch aufkochen.
7. Den Zucker und die Eigelbe in einer Schüssel verrühren und die kochende Milch unter ständigem Rühren dazugeben. Zurück in den Topf geben und auf schwachem Feuer rühren, bis eine leichte Bindung entsteht, nicht mehr kochen lassen. Anschließend die Masse durch ein Sieb in eine Schüssel passieren.
8. Die Gelatine in kaltem Wasser 5 Minuten einweichen und ausgedrückt dazugeben, unterrühren und die Masse kalt stellen.
9. Die Eiweiße steif schlagen und unter die kalte Masse rühren, zum Schluß die geschlagene Sahne unterheben.
10. Diese Creme in einen Spritzbeutel mit dünner Tülle füllen und die aufgeschnittenen Windbeutel damit füllen. Die restliche Creme auf den Blätterteig bis zum Rand des Brandteigs geben.
11. Den Zucker in einem Topf schmelzen lassen (karamelisieren), Wasser dazugeben und die Masse 5 Minuten kochen lassen, bis sie dickflüssig ist.
12. Die Windbeutel im Karamel wenden und auf die fertige Torte setzen.

Der Tip

Diese Torte können Sie mit Früchten Ihrer Wahl garnieren und zusätzlich mit Sahne dekorieren.

Eclairs au mocca

Gefüllter Brandteig mit Mokkacreme

Sie benötigen für 4 Personen:

1½ Tassen Milch
80 g Butter
1½ EL Zucker
¼ TL Salz
1 Prise Muskat
150 g Mehl
3 Eier

Für die Mokkacreme:

1 Tasse Milch
2 EL lösliches Mokka- oder Kaffeepulver
50 g Zucker
4 Eigelb
3 Blatt Gelatine
200 g süße Sahne
20 g Staubzucker

So wird's gemacht:

1. Die Milch in einem flachen Topf mit der Butter, dem Zucker, dem Salz und dem Muskat aufkochen lassen. Unter ständigem Rühren das Mehl in die Milch streuen.
2. Für 3 Minuten auf dem Feuer abrühren, bis das Ganze zu einer dicken Masse wird und sich vom Boden löst. Vom Feuer nehmen und 10 Minuten auskühlen lassen.
3. Die Eier nacheinander unter diesen Brandteig rühren.
4. Mit einem Spritzbeutel mit Sterntülle auf ein Backblech den Brandteig 5 cm lang und 2 cm breit aufspritzen und bei 220 °C im Ofen für 20 Minuten backen.
5. Die Milch mit dem Mokka- oder Kaffeepulver aufkochen.
6. Die Eigelbe und den Zucker in eine Schüssel geben und mit der aufgekochten Milch verrühren. Diese Masse zurück in den Topf geben und auf schwachem Feuer so lange rühren, bis eine leichte Bin-

dung entsteht, nicht mehr kochen lassen. Durch ein Sieb in eine Schüssel passieren.

7. Die Gelatineblätter in kaltem Wasser für 5 Minuten einweichen und ausgedrückt in die Mokkamilch einrühren und kalt stellen. Die geschlagene Sahne unterheben.
8. Die gebackenen Eclairs mit einem Messer halbieren und mit der Mokkacreme füllen. Den Deckel auflegen und mit Staubzucker bestreuen.

Der Tip

Diese Eclairs können Sie auch mit einer Schokoladencreme füllen und mit einer Vanillesauce servieren.

Flamerie à la semoule

Grießflammeri

Sie benötigen für 4 Personen:

½ l Milch
½ Vanilleschote
1 Prise Salz
50 g Grieß
3 Eiweiß
75 g Zucker
3 Eigelb

Außerdem:

300 g Erdbeeren

So wird's gemacht:

1. Die Milch mit dem ausgekratzten Vanillemark und dem Salz aufkochen. Den Grieß beigeben und 15 Minuten unter ständigem Rühren kochen.
2. Die Eiweiße mit der Hälfte des Zuckers steif schlagen.
3. Die Eigelbe mit der anderen Hälfte des Zuckers verrühren und schnell unter den Grieß rühren. Den Eischnee unter die heiße Masse heben.
4. Förmchen oder Tassen kalt ausspülen, die Grießmasse einfüllen und kalt stellen.
5. Die Erdbeeren waschen, putzen, pürieren und durch ein Sieb streichen. Die Grießflammeris auf Dessertteller stürzen und das Erdbeerpüree nun angießen.

Crêpes Suzette

Crêpes »Suzette«

Sie benötigen für 4 Personen:

Für die Crêpes:

100 g Mehl
1½ EL Zucker
1 Prise Salz
2 Eier
⅛ l Milch
2 EL Butter
1 EL Butter für die Pfanne

Für die Sauce:

3 unbehandelte Orangen
1 unbehandelte Zitrone
8 Stück Würfelzucker
2 EL Butter
2 cl Grand Marnier
4 cl Cognac

So wird's gemacht:

1. Das Mehl, den Zucker und das Salz in einer Schüssel mischen, die Eier beigeben und die Milch langsam einrühren. Anschließend die Butter flüssig machen und unterrühren.

2. In einer kleinen Pfanne die Butter schmelzen und auf mittlerer Flamme erhitzen. Etwas Teig in die Pfanne einlaufen lassen und gleichmäßig auf dem Pfannenboden dünn verteilen. Die Pfannkuchen auf beiden Seiten etwa 30 Sekunden hellbraun backen.

3. Die Schale der Orangen und der Zitrone mit dem Würfelzucker abreiben. Die Orangen und die Zitrone auspressen.

4. Die Zuckerwürfel in eine große Pfanne geben und so lange erhitzen, bis der Zucker leicht karamelisiert. Die Butter beigeben und schäumen lassen. Mit dem Zitronen- und Orangensaft ablöschen und 5 Minuten kochen lassen, bis der Karamel sich aufgelöst hat.

5. Die Crêpes nacheinander in die Sauce legen und zu einem Viertel falten. Wenn alle Crêpes in der Pfanne liegen, den Grand Marnier und den Cognac darübergießen und flambieren.

Der Tip

Die Crêpes lassen sich in einer beschichteten Pfanne auch ohne Fett backen. Zu den Crêpes Suzette können Sie gut Vanilleeis reichen.

Soufflé Rothschild

Auflauf »Rothschild«

Sie benötigen für 4 Personen:

Für den Auflauf:

- 80 g kandierte Früchte
- 4 cl Cointreau oder Grand Marnier
- 1/4 l Milch
- 1/2 Vanilleschote
- 1 Prise Salz
- 50 g Zucker
- 60 g Butter
- 70 g Mehl
- 5 Eigelb
- 6 Eiweiß

Für die Form:

- 1 EL Butter
- 2 EL Zucker
- 1 EL Staubzucker

So wird's gemacht:

1. Die kandierten Früchte in kleine Würfel schneiden und mit Cointreau marinieren.
2. Die Milch mit dem ausgekratzten Vanillemark, dem Salz und der Hälfte des Zuckers aufkochen.
3. Die Butter mit dem Mehl verkneten. Diese Mehlbutter in die Milch geben und schnell verrühren. Die Masse auf dem Feuer abrühren, bis sie sich vom Boden löst. Vom Feuer nehmen und 5 Minuten auskühlen lassen.
4. Die Eigelbe eines nach dem anderen unter die Masse rühren. Die kandierten Früchte mit dem Cointreau daruntergeben. Die Eiweiße mit dem Rest des Zuckers steif schlagen und unter die Masse heben.
5. Eine Souffléform ausbuttern und bis zum Rand mit Zucker bestäuben. Die Masse in die Form geben und 30 Minuten bei 200 °C im Ofen backen. Das Soufflé mit Staubzucker bestreuen.

   Dazu serviert man eine Vanille- oder Fruchtsauce.

Der Tip

Anstatt der kandierten Früchte können Sie für diesen Auflauf auch Erdbeeren oder eine andere Frucht Ihrer Wahl verwenden.

Sorbet au cassis

Sorbet von schwarzen Johannisbeeren

Sie benötigen für 4 Personen:

50 g Zucker
1½ Tassen Wasser
400 g schwarze Johannisbeeren
4 cl Crème de Cassis
1 Eiweiß
½ EL Staubzucker

So wird's gemacht:

1. Den Zucker mit dem Wasser aufkochen und anschließend auskühlen lassen.
2. Die Johannisbeeren waschen, putzen und in einem Mixer pürieren, das Zuckerwasser dazugeben, durch ein Sieb passieren und den Crème de Cassis unterrühren.
3. Diese Masse in einer Sorbetmaschine gefrieren lassen oder in einer Schüssel in den Tiefkühlschrank stellen und öfters mit einem Schneebesen durchrühren.
4. Das Eiweiß und den Staubzucker steif schlagen.
5. Das gefrorene Eis in einer Schüssel nochmals durchrühren und das Eiweiß unterheben. In Gläsern servieren.

Der Tip

Über das angerichtete Sorbet können Sie noch etwas Champagner oder Sekt geben.

Rezeptverzeichnis

In gleicher Ausstattung sind erschienen:
Brotbacken · Grillen · Italienische Küche · Chinesische Küche · Lieblingsrezepte · Kalte Platten · Salate · Vegetarische Küche · Garnieren und Verzieren · Fondues und Raclettes · Single-Küche · Cocktails · Vollwertküche · Flambieren

CIP-Kurztitelaufnahme der Deutschen Bibliothek

Imhof, Heinz:
Schlemmerreise durch die französische Küche /
Heinz Imhof. – Niedernhausen/Ts.: Falken-Verl., 1988.
ISBN 3-8068-4296-5

ISBN 3 8068 4296 5

Titelbild: TLC-Foto-Studio GmbH, Bocholt
Fotos: Archiv für Kunst und Geschichte, Berlin (Seite 11 – Escoffier); Historia Foto Charlotte Fremke, Hamburg (Seite 10 – Carême; Seite 10/11 Mitte); Keystone Pressedienst, Hamburg (Seite 8 – Centre); Peter Pinzer, Idstein (Seite 8 – Elsaß); Silvestris Fotoservice, Kastl (GDT-Tierfoto/Maywald Seite 7 – Bretagne; Eckhardt Seite 9 – Ardennen; Weiß Seite 9 – Korsika); TLC-Foto-Studio GmbH, Bocholt (Seite 9 – Rhône-Loire; Seite 11 – Bocuse); ZEFA, Düsseldorf (Theojac Seite 8 – Charente; Bramaz Seite 8 – Auvergne); alle restlichen Fotos: TLC-Foto-Studio GmbH, Bocholt.
Zeichnungen: Ilse Agnes Stockmann, Offenbach

Satz: LibroSatz, Kriftel bei Frankfurt
Druck: Appl, Wemding

817 2635 4453 6271